Weber-Fas · Staatsverträge
im Internationalen Steuerrecht

Staatsverträge im Internationalen Steuerrecht

Zur Rechtsnatur, Geschichte und Funktion der deutschen Doppelbesteuerungsabkommen

von

RUDOLF WEBER-FAS
Dr. iur., LL.M. (Harvard)
Bundesrichter a. D.
o. Professor für Öffentliches Recht
Universität Mannheim

1982

J. C. B. Mohr (Paul Siebeck) Tübingen

CIP-Kurztitelaufnahme der Deutschen Bibliothek

Weber-Fas, Rudolf:
Staatsverträge im internationalen Steuerrecht: zur Rechtsnatur, Geschichte u. Funktion d. dt. Doppelbesteuerungsabkommen / von Rudolf Weber-Fas. – Tübingen: Mohr, 1982
ISBN 3-16-644535-8

Satz und Druck: Gulde-Druck GmbH, Tübingen. Einband: Großbuchbinderei Heinr. Koch, Tübingen

In memoriam

Herbert Dorn
21. 3. 1887–11. 8. 1957

Wolfgang Mersmann
19. 6. 1902–25. 9. 1973

Vorwort

Diese Schrift über Grundprobleme des Rechts der zwischenstaatlichen Steuerabkommen enthält die deutsche Fassung von Gastvorlesungen, zu denen ich von der Juristischen Fakultät der Universität São Paulo und vom Instituto Brasileiro de Direito Tributário im Frühjahr 1982 nach Brasilien eingeladen war. Hilfreich für die hier vorgelegten Untersuchungen waren nicht zuletzt die Erfahrungen des Verfassers aus seiner früheren Praxis am Bundesfinanzhof und als Mitglied deutscher Regierungsdelegationen bei auswärtigen Doppelbesteuerungsverhandlungen.

Ich widme diese Studien dem Andenken zweier herausragender Juristen, die sich in Diplomatie, Rechtsprechung und Schrifttum fortwirkende Verdienste um die Entwicklung des Internationalen Steuerrechts erworben haben: Herbert Dorn als Ministerialdirektor im Reichsfinanzministerium und späterer Präsident des Reichsfinanzhofs, Wolfgang Mersmann als Ministerialdirektor im Bundesfinanzministerium und späterer Präsident des Bundesfinanzhofs.

Meinen Mitarbeitern am Lehrstuhl danke ich für das Lesen der Druckkorrekturen, meiner Sekretärin Frau Bäuerle außerdem für die sorgfältige Herstellung des deutschen und englischen Typoskripts.

München, im Herbst 1982 Rudolf Weber-Fas

Inhalt

Im Unterschied zum Internationalen Privatrecht, das erst seit kurzem völkerrechtliche Staatsverträge als zunehmend wichtiger werdende Rechtsquelle kennt[1], blickt das deutsche Internationale Steuerrecht (IStR) auf eine nicht unbedeutende Tradition zwischenstaatlicher Doppelbesteuerungsabkommen (DBA) zurück. Freilich hat die deutsche Rechtswissenschaft, von seltenen Ausnahmen abgesehen, die große und immer noch wachsende theoretische und praktische Bedeutung des IStR und insbesondere der DBA bis heute nur unzulänglich in Forschung und Lehre wahrgenommen[2]. Im folgenden soll versucht werden, wichtige Entwicklungslinien und Grundsatzfragen herauszuheben, frei von „Atomismus“[3] und „stoffwütiger Kleinmeisterei“[4], die das einschlägige Schrifttum unnötig aufgebläht haben[5].

---

[1] Gegenüber dem nichtvertraglichen IPR bildeten völkerrechtliche Verträge in der Vergangenheit die Ausnahme, vgl. *E. Jayme*, Staatsverträge zum Internationalen Privatrecht, in: Berichte der Deutschen Gesellschaft für Völkerrecht, H. 16 (1975), 7ff. – Für eine kurze prägnante Einführung in das IPR siehe *E. Lorenz*, Internationales Privatrecht, in: R. Weber-Fas (Hg.), Jurisprudenz, 1978, 213ff.

[2] Über die Ursachen dieser im wesentlichen institutionell bedingten Situation, die exemplarisch ist für die deutsche Steuerrechtswissenschaft überhaupt, siehe *R. Weber-Fas*, Das Elend der Grundlagenforschung im Internationalen Finanzrecht, JZ 1974, 401ff.

[3] Hier verstanden im Sinne von „Teiluntersuchungen untergeordneter Systeme ohne die obligate Berücksichtigung der Art und Weise, in der diese dem Aufbau der Ganzheit eingefügt sind“ (*K. Lorenz*, Die 8 Todsünden der zivilisierten Menschheit, 1973, 102).

[4] Dazu *E. Salin*, Politische Ökonomie. Geschichte der wirtschaftlichen Ideen von Platon bis zur Gegenwart, 1967, 148.

[5] Das IStR teilt das Schicksal des besonderen Verwaltungsrechts: „in seinen Einzelbereichen weithin ohne Zentralinteresse der Verwaltungsrechtswissenschaft, in vielen Partien Objekt der Referentenkommentierung oder der Aufsatzliteratur, nicht eigentlich gebotener Systematisierung oder monographischer Vertiefung“, so *H. P. Ipsen*, AöR 97 (1972), 387.

§ 1 Rechtsgeschichtliche Aspekte

„Das Doppelbesteuerungsproblem ist uralt. Es ist so alt wie die älteste Steuer". Dieses Dictum[6], von neueren Autoren nicht selten schlagwortartig übernommen[7], bedarf beträchtlicher Relativierung[8], wenn anders eine sachgerechte Erkenntnis nicht verfehlt werden soll. Denn wie der moderne Staat überhaupt eine epochenspezifische Hervorbringung der Neuzeit[9] ist, so sind auch die modernen Staatssteuern wesensverschieden von den sogenannten Steuern früherer Zeitalter. Mag auch die Antike Abgaben mannigfacher Art gekannt haben, so ist doch die heutige Steuer keineswegs „uralt", sondern eine relativ junge Rechtserscheinung in politisch-historischer Sicht[10]. So wenig das römisch-griechische Altertum und die Frühzeit des Germanentums Steuern im modernen Verstande kannten[11], so schwach war in jenen Zeiten die finanzrechtliche Grundlage, auf der ein internationales Doppelbesteuerungsproblem und Ansätze zu seiner Lösung mittels DBA zur Entstehung gelangen konnten. Dieser Befund gilt, mutatis mutandis, auch für die finanzgeschicht-

---

[6] So *A. Spitaler*, Das Doppelbesteuerungsproblem bei den direkten Steuern, 1936 (Neudruck 1967), 1.

[7] Vgl. etwa *H. Debatin*, StbJb 1964/65, 404; DStZ/A 1967, 9; FR 1970, 4.

[8] Dies gilt auch für die Feststellung, man habe sich seit Jahrtausenden mit dem Doppelbesteuerungsproblem befaßt (vgl. *A. Spitaler*, a.a.O., 168, Anm. 268).

[9] Siehe im einzelnen *H. Quaritsch*, Staat und Souveränität, 1. Bd., 1970, 32ff.; früher schon in diesem Sinne *U. Scheuner*, Das Wesen des Staates und der Begriff des Politischen in der neueren Staatslehre, Festgabe für Smend, 1962, 225ff.

[10] Für *L. v. Stein* ist erst das 19. Jahrhundert die Entstehungszeit des modernen Steuerwesens (Lehrbuch der Finanzwissenschaft, 1885[5], 2. Teil, 1. Abt., 350).

[11] Insbesondere die direkte Steuerauflage erschien diesen Epochen als Verletzung der Würde eines freien Mannes, vgl. *K. A. Wittfogel*, Die orientalische Despotie. Eine vergleichende Untersuchung totaler Macht, 1962, 106; siehe ferner *A. Böckli*, Die Staatshaushaltung der Athener, 1886[3], 1. Bd., 557; *F. C. von Savigny*, Über die römische Steuerverfassung unter den Kaisern, in: ders., Vermischte Schriften, 1850, Bd. 2, 32; *Th. Mommsen*, Römisches Staatsrecht, Neudruck Basel 1952, 3. Bd., 1. Theil, 3. Aufl., 434.

lichen Epochen des Mittelalters[12], des vorabsolutistischen Ständestaates[13] und des fürstlichen Absolutismus[14].

[12] Im Mittelalter gab es keine ‚staatliche' Steuerhoheit, persönliche Zwangsabgaben galten als Zeichen der Unfreiheit, vgl. O. *Brunner*, Land und Herrschaft, 1965^5, 295. – Siehe im übrigen *P. Fischer*, Das transnationale Unternehmen als Phänomen der Völkerrechtsgeschichte, Festschrift für St. Verosta, 1980, 345ff.

[13] Zu jener Zeit konnte der Landesherr erst nach Erschöpfung seiner Eigenmittel eine Steuerbewilligung erwirken, vgl. *K. H. Friauf*, Der Staatshaushaltsplan im Spannungsfeld zwischen Parlament und Regierung, 1968, 28.

[14] Zwar umfaßte die „puissance absolue" des Fürsten auch das Besteuerungsrecht, von einer „absoluten" Ausschöpfung dieser Befugnis, insbesondere in transterritorialer Richtung, kann indessen keine Rede sein; zur damaligen Rechtslage siehe insbesondere *J. Bodin*, Les six Livres de la Republique (1583), 223, 855, 877; *J. J. Moser*, Grund-Sätze des Besteuerungs-Rechts derer Teutschen Reichs-Stände, 1765, 5, 6.

§ 2 Transnationalität des modernen Steuerstaats

Erst mit dem Siegeszug der – normativ und faktisch – eingriffsintensiven, transterritorial ausgreifenden, das Welteinkommen erfassenden, allgemeinen, persönlichen Einkommensteuer moderner Struktur[15] entwickelte sich das Problem der zwischenstaatlichen Doppelbesteuerung zu einer neuartigen juristischen und diplomatischen Aufgabe der Staaten, zu deren Lösung man sich insbesondere des Instruments der völkerrechtlichen DBA bediente[16]. Die Ära[17] dieser Staatsverträge steht in zeitlichem und sachlichem Zusammenhang mit der sich gegen Ende des 19. Jahrhunderts mächtig entwickelnden Weltwirtschaft, wodurch früher unbekannte steuerliche und finanzwirtschaftliche Außenkonflikte entstanden[18]. Dabei wurde die moderne DBA-Vertragsbewegung[19] nach-

---

[15] Der Gedanke einer Synthese verschiedener Einkommens- und Vermögensteile ist eine sehr späte Innovation des Abgabewesens, s. auch *H. Nawiasky*, Allgemeine Staatslehre, 1955, 2. Teil, Bd. 2, 87.

[16] Für frühere Geschichtsepochen sucht man vergeblich nach bilateralen Maßnahmen als Vorläufern moderner DBA, s. etwa die Quellensammlung: Die Staatsverträge des Altertums, Bd. 2, 1962 (bearb. v. *H. Bengtson*) und Bd. 3, 1969 (bearb. v. *H. H. Schmitt*). Auch umfassende völkerrechtliche Bibliographien enthalten keine einschlägigen Angaben, vgl. etwa: *D. H. L. v. Ompteda*, Litteratur des gesammten natürlichen und positiven Völkerrechts, 1785; *K. A. v. Kamptz*, Neue Literatur des Völkerrechts, 1817; *R. Mohl*, Die Geschichte und Literatur der Staatswissenschaften in Monografien, Bd. II und III, 1856 u. 1858. – Noch in der 2. Hälfte des 19. Jahrhunderts wurde internationale Doppelbesteuerung nicht als nennenswertes Hindernis eines freien Außenhandels empfunden, jedenfalls wird die Sache in einschlägigem Zusammenhang nicht erwähnt, vgl. etwa *L. Stein*, Handbuch der Verwaltungslehre und des Verwaltungsrechts mit Vergleichung der Literatur und Gesetzgebung von Frankreich, England und Deutschland, 1870, 365, 370.

[17] Anders liegt es bei zwischenstaatlichen Zollabkommen, die bereits zur Zeit des Merkantilismus eine erhebliche Bedeutung erlangt hatten, s. dazu *G. Erler*, Grundprobleme des internationalen Wirtschaftsrechts, 1956, 56, 60.

[18] Zur Deutung des historisch neuen, auch gefahrvollen Phänomens der modernen Weltwirtschaft vgl. insbesondere *O. Spengler*, Der Untergang des Abendlandes, Nachdruck 1969, 1145ff. Siehe auch *K. Jaspers*, Vom Ursprung und Ziel der Geschichte, 1966, 220.

[19] Viel früher setzte die Entwicklung bei den internationalen Handelsverträgen ein. Hier knüpften die Staaten schon seit dem Mittelalter ein immer weiter gespanntes Netz von

haltig verstärkt durch die Tendenz des demokratischen Sozialstaats, die Steuerhoheit maximal auszuschöpfen: die Ausschaltung oder Milderung internationaler Doppelbesteuerung entwickelte sich so zu einem vitalen Anliegen der Individualwirtschaften und Nationalökonomien. Die besorgniserregende Tendenz sozialstaatlicher Finanzpolitik fand ihren ersten Höhepunkt in den Gesetzgebungswerken nach dem ersten Weltkrieg; sie brachten Steuerbelastungen, die früheren Epochen als utopisch galten[20]. So wird es verständlich, daß in diese innen- und außenpolitisch bewegte Nachkriegszeit auch die eigentliche Geburtsstunde der modernen DBA fällt[21].

---

völkerrechtlichen Abkommen, insbesondere zur Sicherung der Warenein- und -ausfuhr, des Schiffsverkehrs, der Niederlassung von Staatsfremden und zur Gewährleistung von Rechtsschutz, vgl. *U. Scheuner*, Zweiseitige Handelsverträge und multilaterale Handelsvereinbarungen, in: Die Friedenswarte, Bd. 52, 97, 100; siehe auch *ders.*, Die Quelle der Handelsverträge im internationalen Wirtschaftsrecht der Gegenwart, Festschrift für Kyriakopulos, Thessaloniki 1966, 874ff.

[20] Ein Beispiel aus Deutschland (in Großbritannien und den USA nahm der Steuerdruck noch schärfer zu): Die preußische Steuerreform von 1891 wäre beinahe daran gescheitert, daß die Steuerkommission des Abgeordnetenhauses für das 100000 Mark übersteigende Einkommen den – aus heutiger Erfahrung idyllisch niedrigen – Steuersatz von 4 v.H. vorschlug. *Rudolf von Gneist* sah sogar prinzipiell in jeder Progressivsteuer eine Verletzung des demokratischen Prinzips der Gleichheit (Sten. Ber. Preuß. Abg. Haus, 1898–99, II, 907). Gegenüber diesem preuß. EStG von 1891, das sich mit einem Stufentarif von 0,67 bis 4 v.H. begnügte, brachte das Reichseinkommensteuergesetz von 1920 eine Progression, die sich von 10 bis 60 v.H. steigerte.

[21] Schon vorher gab es deutscherseits einige allgemeine DBA, die durch die spätere Entwicklung obsolet wurden, so u.a. die Verträge Preußen/Österreich (1899); Bayern/Österreich (1903); Sachsen/Österreich (1903); Baden/Österreich (1913); Hessen/Luxemburg (1913) und Preußen/Kanton Basel Stadt (1910). – Spezielle DBA für Erbschaftsteuern gab es vereinzelt bereits seit 1858, dazu grundlegend *P. Guggenheim*, L'imposition des successions en droit international et le problème de la double imposition, Genf 1928.

§ 3 Internationale Abkommensmodelle

I. Völkerbund

Die League of Nations, eine von 1920 bis 1946 tätige Staatenvereinigung zur Sicherung des Weltfriedens und zur Förderung der internationalen Zusammenarbeit[22], nahm sich schon bald nach ihrer Gründung des Problems der zwischenstaatlichen[23] Doppelbesteuerung an und konnte, als Grundlage der weiteren Arbeiten, bereits 1923 ein umfassendes, freilich nicht unumstrittenes[24] Gutachten international anerkannter Wissenschaftler[25] veröffentlichen[26]. Aussichtsreicher für die Staatenpraxis der Zwischenkriegszeit schienen zunächst die vom Völkerbund ins Werk gesetzten Arbeiten eines Gremiums leitender Regierungsbeamter der Mitgliedstaaten. Dieser – im Lauf der Zeit personell erweiterte – Ausschuß technischer Experten[27], der sich auch mit Fragen der Steuerflucht

---

[22] Siehe *W. Schücking/H. Wehberg*, Die Satzung des Völkerbunds, 1931³; *F. P. Walters*, A History of the League of Nations, London 1952. – Nichtmitglieder bzw. ausgetretene Mitglieder waren u.a. die USA, Japan, Brasilien und Deutschland (eingetreten 1926, ausgetreten 1933).

[23] Von der internationalen zu unterscheiden ist die innerstaatliche Doppelbesteuerung, deren Vermeidung ein vitales Problem für Bundesstaaten mit „steuersouveränen" Gliedstaaten bildet, wie insbesondere das Beispiel der Schweiz zeigt, vgl. *E. Blumenstein*, Die bundesgesetzliche Regelung des Doppelbesteuerungsverbots, Bern 1914; zur Lage des Problems in den USA siehe etwa *W. Harding*, Double Taxation of Property and Income. A study in the judicial delimitation of the conflicting claims of taxing jurisdiction advanced by the american states, Cambridge/Mass. 1933. – In Deutschland wurde zur Zeit des Norddeutschen Bundes und des deutschen Kaiserreichs eine Lösung dieser Fragen versucht durch zentralstaatliche Gesetzgebung und durch ergänzende Abkommen, vgl. dazu *F. Erler*, Das Doppelbesteuerungsgesetz in der Fassung vom 23. März 1909 (1918); *J. Fischer*, Die Doppelbesteuerung in Staat und Gemeinde (1909); zum innerstaatlichen Doppelbesteuerungsproblem eingehend auch *H. Triepel*, Die Reichsaufsicht, 1917.

[24] Zur Kritik von deutscher Seite vgl. vor allem *G. Schanz*, Die Doppelbesteuerung und der Völkerbund, FinArch 40 (1923), 2. Bd. 1ff., 253ff.; *H. Dorn*, Verhandlungen des 33. Deutschen Juristentags, 1924.

[25] Erstattet von den Univ.-Professoren *Bruins* (Rotterdam) *Einaudi* (Turin), *Seligman* (Columbia/New York) und *Stamp* (London).

[26] Rapport sur la double imposition, Völkerbundsdokument E.F.S. 73 F. 19 (1923).

[27] Deutsches Mitglied war Herbert Dorn, ein Pionier des IStR, damals Ministerialdirek-

und der internationalen Amtshilfe befaßte, legte als Ergebnis seiner Untersuchungen mehrere praxisbezogene Berichte mit Textentwürfen für zwischenstaatliche Steuerverträge vor[28]. Federführend für die weiteren Bemühungen zur internationalen Ausgleichung der nationalen Steuersysteme wurde der vom Völkerbundsrat Ende 1928 eingesetzte Comité Fiscal[29]. Wie bei den Untersuchungen der vier unabhängigen Wissenschaftler[30] handelte es sich indessen auch bei den Vorschlägen der – hauptsächlich aus Regierungsvertretern zusammengesetzten – technischen Expertengremien nur um unverbindliche Empfehlungen an die Regierungen der Mitgliedstaaten. Die Hoffnungen, die sich an die nachhaltigen Aktivitäten des Völkerbundes, insbesondere an die erstmalig 1928 vorgelegten Musterverträge geknüpft hatten, erfüllten sich indessen nicht[31]. Inhaltlich blieben diese Völkerbundsarbeiten auf die meisten DBA-Abschlüsse der Zwischenkriegszeit ohne Einfluß[32].

Wirksamer für die Staatenpraxis, wenngleich immer noch sehr unbefriedigend waren die Impulse zur Lösung des Doppelbesteuerungsproblems, die von den anfangs des Zweiten Weltkriegs erneuerten Arbeiten des Fiskalausschusses ausgingen[33]. Diese Bemühungen führten zu den DBA-Modellen von 1943 (Mexiko) und 1946 (London)[34]. Der Völker-

---

tor im Reichsfinanzministerium, später Präsident des Reichsfinanzhofs. Grundlegend die Abhandlung: *H. Dorn*, Das Recht der internationalen Doppelbesteuerung, Vierteljahresschrift für Steuer- und Finanzrecht, 1. Jg., 1927, 189–249; zu Leben und Werk des Autors vgl. *L. Falk*, Die Bedeutung von Herbert Dorn, FR 1967, 305 ff.

[28] Siehe außer den Völkerbunds-Drucksachen von 1925 (C. 115. M. 55. 1925 II) und 1927 (C. 216. M. 85. 1927 II) insbesondere die VB-Publikation von 1928: Double Imposition et Evasion Fiscale, Rapport présenté par la Réunion générale d'Experts gouvernementaux en matière de double imposition et d'évasion fiscale (C. 562. M. 178. 1928 II).

[29] Dieses Fiscal Committee bestand aus 12 Mitgliedern verschiedener Nationalität; auf der Tagung von 1931 führte H. Dorn den Vorsitz.

[30] Siehe League of Nations, Report on Double Taxation, Submitted to the Financial Committee, by Professors Bruins, Einaudi, Seligman and Sir Josiah Stamp, E.F.S. 73, F 19 (1923).

[31] Merkwürdigerweise ging die Zahl der DBA-Abschlüsse der Mitgliedstaaten mit dem Fortgang der Völkerbundsarbeiten sogar zurück, vgl. dazu *A. Spitaler*, Das Doppelbesteuerungsproblem bei den direkten Steuern, 1936, 31 ff.

[32] Dies gilt insbesondere für die deutschen DBA mit den Nachfolgestaaten der Österreichisch-ungarischen Monarchie. Auch das grundlegende DBA zwischen dem Deutschen Reich und Italien von 1925 ist nur unwesentlich von Völkerbundsimpulsen beeinflußt.

[33] Wegen der Einzelheiten vgl. auch: Legislative History of United States Tax Conventions, 4 Joint Committee on International Revenue Taxation, 87 th. Cong., 1st. Sess., at 4023 ff.

[34] Das Fiscal Committee der League of Nations schlug, zur Anpassung an die Staatenpraxis, im Jahre 1939 eine Revision des Mustervertrages von 1928 vor. Der zu diesem

bund verabschiedete sich auf dem Gebiet des IStR mit der ausdrücklichen Hoffnung, daß seine Arbeiten von den Vereinten Nationen wieder aufgenommen und sachgerecht weiterentwickelt würden[35].

II. OEEC/OECD

Schrittmacher der weiteren Entwicklung von DBA-Modellen wurde indessen vorerst nicht die UNO, sondern die OEEC[36] und in deren Nachfolge die OECD[37]. Obwohl die Konventionen über diese beiden internationalen Organisationen das Doppelbesteuerungsproblem nicht ausdrücklich erwähnen, hat man zu Recht aus den allgemeinen Zielsetzungen[38] der Gründungsverträge die gemeinsame Verpflichtung abgeleitet, nachhaltige Anstrengungen zur Beseitigung der zwischenstaatlichen Doppelbesteuerung zu unternehmen. Im Anschluß an die Empfehlung des Rats der OEEC von 1955 an die Regierungen der Mitgliedstaaten[39]

Zweck eingesetzte Unterausschuß trat mehrfach in Mexiko City und London zusammen. Da man sich nicht auf einen einzigen Mustervertrag einigen konte, publizierte das Fiscal Committee zwei verschiedene DBA-Modelle, vgl. *R. Weber-Fas*, Corporate Residence Rules for International Tax Jurisdiction: A Study of American and German Law, in: Harvard Journal on Legislation, 1968, 175, 234f. – Das Mexiko-Modell (Dok. C. 2 M.2. 1945 II A) betont, im Sinne der später sog. Entwicklungsländer, das Besteuerungsrecht des kapitalimportierenden Quellenstaates; stärker an der Wohnsitzstaat-Besteuerung orientiert ist das London-Vertragsmuster (Doc. C. 37. M. 37 II A 1946).

[35] Siehe League of Nations Doc. C. 88. M. 88 II A 1946, mit zusammenfassendem Kommentar und Text der „London and Mexico Model Tax Conventions".

[36] Organisation for European Economic Cooperation (OEEC), eine 1948 geschaffene Gemeinschaftsorganisation (Sitz: Paris) zur Durchführung des Marshall-Plans mit dem Ziel der Förderung wirtschaftlicher Zusammenarbeit durch fortschreitenden Abbau der Handelsschranken und gemeinsamen Zahlungsverkehr. Vollmitglieder: Belgien, Dänemark, Frankreich, Griechenland, Großbritannien, Irland, Island, Italien, Luxemburg, Niederlande, Norwegen, Österreich, Portugal, Schweden, Schweiz, Spanien, Türkei, seit 1949 auch die Bundesrepublik Deutschland. – Assoziierte Mitglieder: Jugoslawien, Kanada und die USA. – Die OEEC wurde 1961 von der OECD abgelöst.

[37] Organisation for Economic Cooperation and Development (OECD), die Nachfolgeorganisation der OEEC, gegründet Ende 1960, in Kraft seit 30. 9. 1961. Mitglieder sind die Vollmitglieder der OEEC, ferner Kanada und die USA. Ziele der OECD (Text der Konvention in: BGBl. 1961 II, 1151ff.) sind Förderung des Wirtschaftswachstums, Erreichung und Aufrechterhaltung der Vollbeschäftigung, Stabilität des Geldwerts, Entwicklungshilfe und Ausweitung des Welthandels.

[38] Namentlich: Zusammenarbeit der Vertragspartner zum Zwecke eines freizügigen Austauschs von Gütern, Leistungen und Zahlungen und des Abbaus von internationalen Wirtschaftshemmnissen, vgl. Art. 2–9 der OEEC-Konvention (Verträge der Bundesrepublik Deutschland, hg. vom Auswärtigen Amt, Bd. 1 (1955), 2ff.)

[39] Diese wurden ausdrücklich ermutigt, „that they should persevere in their efforts to avoid the double imposition of direct taxes by the conclusion ob bilateral agreements . . .", da es wünschenswert sei, „that obstacles to international trade and investment

wurde die Einsetzung eines Fiskalausschusses[40] beschlossen zur Erarbeitung eines DBA-Musterentwurfs für die künftige zwischenstaatliche Vertragspraxis. Dieser aus Regierungsvertretern der Mitgliedsländer zusammengesetzte Ausschuß erarbeitete vier grundlegende Berichte über die verschiedenen Regelungsbereiche der DBA mit Entwürfen zu den einzelnen Vertragsbestimmungen. Von der OEEC unter dem Titel „The Elimination of Double Taxation" veröffentlicht, schufen diese Berichte des Steuerausschusses die Basis für das spätere Musterabkommen der OECD[41].

Dieses OECD-Modell von 1963 hat auf dem Gebiet der Vermeidung der Doppelbesteuerung des Einkommens und des Vermögens[42] – im Unterschied zu den Vorschlägen des Völkerbunds – die Vertragspraxis der Mitgliedstaaten und insbesondere die deutsche DBA-Politik nachhaltig beeinflußt. Das Musterabkommen – es ist kein multilateraler

---

which arise from the double taxation of income and property should be removed . . ." (Recommendation of the Council concerning Double Taxation, C (55) 37 (Final) v. 25. 2. 1955.)

[40] Der Rat stellte dem Fiskalausschuß folgende Aufgabe: „Taking into account the Double Taxation Agreements entered into by the Member countries, the Fiscal Committee shall seek to determine, and make concrete proposals to the Council on principles to be applied by them in order to avoid double taxation", vgl. Resolution of the Council creating a Fiscal Committee, C 56, 49, Final, v. 16. 3. 1956.

[41] Draft double taxation convention on income and capital, Report of the O.E.C.D. Fiscal Committee, Doc. C. (63) 87. Paris 1963, dt. Übers. hg. vom Bundesminister der Finanzen, Bonn 1965. – OECD-Mitgliedstaaten sind: Australia, Austria, Belgium, Canada, Denmark, Finland, France, Federal Republic of Germany, Greece, Iceland, Ireland, Italy, Japan, Luxembourg, the Netherlands, New Zealand, Norway, Portugal, Spain, Sweden, Switzerland, Turkey, the United Kingdom, the United States.

[42] Im Bereich der direkten Steuern hat die durch die Römischen Verträge 1957 begründete überstaatliche Europäische Wirtschaftsgemeinschaft (EWG), deren Kernstück eine Zollunion ist, keine Initiativen zur Entwicklung von DBA-Modellen entwickelt. Art. 95 bis 99, die Steuervorschriften des EWG-Vertrages (BGBl. II, 1957, 766ff.) befassen sich nur mit den – gegebenenfalls zu harmonisierenden – indirekten Abgaben (Umsatzsteuern, Verbrauchssteuern), dagegen nicht mit den direkten Steuern (wie z.B. Einkommensteuer und Vermögensteuer). Insoweit schreibt Art. 220 EWG-Vertrag lediglich vor, daß die Mitgliedstaaten erforderlichenfalls Verhandlungen einzuleiten haben, um zugunsten ihrer Staatsangehörigen die zwischenstaatliche Doppelbesteuerung innerhalb der Gemeinschaft zu beseitigen, vgl. auch *H. P. Ipsen*, Europäisches Gemeinschaftsrecht, 1972, 703, 712. – Für die etwaigen bilateralen DBA-Abschlüsse empfahl der Steuer- und Finanzausschuß der EWG unter Vorsitz des deutschen Finanzwissenschaftlers *Fritz Neumark* ausdrücklich die Berücksichtigung des OECD-Modells: „The Fiscal and Financial Committee is convinced that in the interest of the Community the problem of double taxation should be resolved by harmonious, if not uniform, rules in the relations between each of the member States . . . To this end . . . the solutions proposed by the Fiscal Committee of the OECD should in principle be used as a basis for this setlement . . .", siehe Common Market Reporter, Commerce Clearing House, § 3458. 37.

völkerrechtlicher Vertrag, sondern nur eine Empfehlung der OECD an ihre Mitgliedstaaten – wurde begleitet von einem umfassenden Bericht des OECD-Steuerausschusses, der eingehende Erläuterungen der einzelnen Abkommensartikel enthält, was sich für die internationale Verhandlungspraxis als besonders förderlich erwiesen hat. Nicht nur qualitativ, auch quantitativ gingen von den Arbeiten der OEEC/OECD starke Impulse auf das völkerrechtliche Steuervertragsrecht aus[43]. Diese Wirkungen blieben nicht auf die OECD-Staatengruppe beschränkt, da die Mitgliedstaaten auch ihren Verhandlungen mit Nichtmitgliedern das OECD-Modell zugrundelegten[44].

Das grundlegende OECD-Modell 1963[45] wurde, wie von Anfang an geplant, in jüngerer Zeit – unter Berücksichtigung der zwischenzeitlichen Vertragspraxis, des Wandels der internationalen Wirtschaftsbeziehungen und der Änderung nationaler Steuerordnungen – vollständig revidiert. Diese Arbeiten des Steuerausschusses führten zu einem neuformulierten OECD-Musterabkommen nebst Kommentar[46]. Verglichen mit dem OECD-Modell 1963 ist das reformierte OECD-Modell 1977 im Abkommenstext nur unwesentlich verändert, dagegen zeigt der beigefügte Kommentar eine Reihe wichtiger Fortschreibungen, deren Einfluß auf Verhandlungspraxis und Vertragsanwendung abzuwarten bleibt[47].

III. Vereinte Nationen

Es dauerte geraume Zeit, bis die – weit über die Staatengruppe der OECD[48] hinausweisende – Organisation der Vereinten Nationen

---

[43] In rd. zwei Jahrzehnten wuchs der Bestand an Verträgen zwischen den Mitgliedstaaten von rd. 70 (1955) auf rd. 180 (1976). Zu berücksichtigen sind ferner die zahlreichen vom OECD-Modell beeinflußten DBA-Revisionen.

[44] Dies brachte besondere Probleme gegenüber sog. Entwicklungsländern mit sich; deren Interessen im Bereich der internationalen Steuerbeziehungen nahm sich vor allem die UNO an.

[45] Abgesehen vom Gebiet der Einkommens- und Vermögensbesteuerung ist der OECD auch ein Musterabkommen zur Vermeidung der Doppelbesteuerung der Nachlässe und der Erbschaften zu verdanken, vgl. Draft Double Taxation Convention on Estates and Inheritances, OECD-Doc. C (66) 50 (1966).

[46] Model Double Taxation Convention on Income and on Capital, Report of the OECD Committee on Fiscal Affairs, 1977, Paris.

[47] Zu den Einzelheiten des neuen Textes vgl. *H. Debatin*, OECD-Empfehlungen zur Vermeidung internationaler Doppelbesteuerung, RIW/AWD 1978, 374ff.

[48] Der Mitgliederkreis der OECD beschränkt sich auf Europa, Nordamerika und Japan.

(UNO)[49], der vom Völkerbund noch kurz vor seiner Auflösung das Problem der internationalen Doppelbesteuerung als vordringliches Arbeitsthema nahegelegt worden war, nachhaltige Initiativen auf diesem Gebiet entfaltete. Besonders bedeutsam wurden in diesem Zusammenhang die Arbeiten, die seit 1967, im Auftrag des Wirtschafts- und Sozialrats der UNO, ein Kreis von Regierungsexperten verschiedener Staatengruppen[50] planmäßig durchführte. Ziel dieser Bemühungen war die Formulierung von Leitlinien für DBA zwischen industriell entwikkelten Staaten und sog. Entwicklungsländern. Verständlich wird dies vor dem Hintergrund, daß die OECD-Vertragsmodelle 1963/77 im substantiellen Zentralpunkt der zwischenstaatichen Zuordnung der nationalen Steuergüter den Vorrang der Besteuerung des Wohnsitzstaates betonen. Diese Einschränkung der Quellenstaatsbesteuerung – sie wurde freilich bilateral insbesondere von der deutschen Vertragspolitik mit Rücksicht auf die berechtigten Interessen des konkreten Verhandlungspartners oft entgegenkommend modifiziert – entsprach nicht den finanzwirtschaftlichen Bedürfnissen und rechtsgrundsätzlichen Positionen der Entwicklungsländer[51]. Im Unterschied zu dem potentiell gleichgewichtigen Wirtschaftsaustausch zwischen Industrieländern sind die Entwicklungsländer typischerweise einseitig auf den Import von Kapital und Dienstleistungen angewiesen, wodurch ein Ungleichgewicht im zwischenstaatlichen Rückfluß steuerbarer Einkünfte entsteht. Diese Situation erklärt das Bestreben der Entwicklungsländer, vertragsrechtlich die Besteuerung im Quellenstaat aufrechtzuerhalten und den Wohnsitzstaat zugunsten der transnational tätigen Unternehmen und Investoren zum Steuerverzicht zu bewegen.

Die Arbeitskonferenzen der UNO-Expertengruppe führten zur Formulierung von Richtlinien mit Regelungsentwürfen für DBA, die nach

---

[49] Der Völkerbund wurde am 19. 4. 1946 förmlich aufgelöst, die erste Generalversammlung der durch die UN-Charta geschaffenen neuen Weltorganisation UNO trat am 10. 1. 1946 in London zusammen. Zum Übergang vom Völkerbund zur UNO vgl. *Barandon*, Die Vereinten Nationen und der Völkerbund in ihrem rechtsgeschichtlichen Zusammenhang, 1948.

[50] An dieser UN-Arbeitsgruppe waren Industrieländer (Deutschland, Frankreich, Großbritannien, Japan, Niederlande, Norwegen, Schweiz, USA) und Entwicklungsländer (Argentinien, Brasilien, Chile, Ghana, Indien, Israel, Pakistan, Philippinen, Sri Lanka, Sudan, Tunesien, Türkei) aktiv beteiligt, hinzu kamen mehrere Staaten und internationale Organisationen als Beobachter.

[51] Besonders deutlich wurde der Standpunkt der Entwicklungsländer u.a. auch beim ersten IFA-Kongreß auf amerikanischem Boden (vgl. *R. Weber-Fas*, IFA-Weltkongreß in Montevideo, NJW 1969, 364f.).

und nach in sieben eingehenden Berichten von der UNO veröffentlicht wurden[52]. Diese Richtlinien wurden abschließend zusammengefaßt in einem UNO-Handbuch[53], das auch Verhandlungsratschläge und Erläuterungen der einzelnen DBA-Musterartikel enthält. Unbeschadet der vollen Freiheit der nationalen Unterhändler wollen die UNO-Richtlinien ein Vertragsmodell zur Verfügung stellen, das die Verhandlungen technisch erleichtert, die vertragliche Rechtssicherheit fördert und einen sachgerechten Interessenausgleich zwischen den Vertragsstaaten ermöglicht[54].

[52] Siehe die Berichtsserie: Tax treaties between developed and developing countries, Department of Economic and Social Affairs, United Nations, E. 69. XVI. 2 (1969); E. 71. XVI. 2 (1970);E. 72. XVI. 4 (1972); E. 73. XVI. 1 (1973); E. 75. XVI. 1 (1975); E. 76. XVI. 3 (1976); E. 78. XVI. 1 (1978).

[53] Manual for the Negotiation of Bilateral Tax Treaties between Developed and Developing Countries, United Nations, E. 79. XVI. 3 (1979).

[54] Zu den Einzelfragen vgl. *H. Debatin*, Handbuch der Vereinten Nationen für Verhandlungen über Doppelbesteuerungsabkommen zwischen Industriestaaten und Entwicklungsländern, DB 1980, Beilage Nr. 15/80; *W. Ritter*, Steuerbeziehungen mit der Dritten Welt, DStZ/A 1979, 419ff.

§ 4 Deutsche Vertragspraxis im Wandel

Staatsrechtliche Grundlage für die Entwicklung der modernen deutschen DBA auf dem Gebiet der Einkommens- und Vermögensbesteuerung war die neue Finanzverfassung nach dem Untergang des Kaiserreichs. Zur Zeit der Monarchie besaß das Reich nur eine begrenzte Steuerhoheit[55], welche die direkten Steuern im wesentlichen nicht umfaßte. Mit der Weimarer Reichsverfassung von 1919 (WRV)[56] erhielt das Reich eine umfassende, alsbald intensiv ausgeschöpfte konkurrierende Steuergesetzgebungshoheit (Art. 8 WRV). Diese Kompetenz schloß das Recht in sich, durch einfaches Gesetz die Verwaltung der Reichssteuern auf das Reich zu übertragen (Art. 14 WRV). Schon während der Verfassungsberatungen im Sommer 1919 erkannte man, daß die neue – im Vergleich zu früheren Epochen der Finanzgeschichte exorbitant hohe – direkte Steuerbelastung eine reichseinheitlich gleiche administrative Behandlung der Steuerpflichtigen notwendig mache. Demgemäß schuf das Reich mittels des gesetzlichen Instruments der Reichsabgabenordnung von 1919 (RAO)[57] und unter Überwindung des

[55] Nach Art. 70 der Reichsverfassung von 1871 (BGBl. 1871, 64ff.) speisten sich die Reichsfinanzen in erster Linie „aus den Zöllen, den gemeinschaftlichen Verbrauchssteuern und aus dem Post- und Telegraphenwesen fließenden gemeinschaftlichen Einnahmen". Soweit die Ausgaben des Reiches durch diese Einnahmen nicht gedeckt waren, mußten die notwendigen Mittel „so lange Reichssteuern nicht eingeführt sind, durch Beiträge der einzelnen Bundestaaten" aufgebracht werden. Diese Form der Matrikularbeiträge war vom Alten Reich und vom Deutschen Bund überkommen. Im Kaiserreich wurden, zur Stärkung der selbständigen Finanzkraft des Reiches, die Verbrauchssteuern kräftig ausgebaut und auch eigene Verkehrssteuern des Reichs geschaffen. Indessen hielt sich das Reich bis in die erste Vorkriegszeit an den traditionellen ungeschriebenen Grundsatz, daß die direkten Steuern, insbesondere die Steuern vom Einkommen und Vermögen, den Bundesländern überlassen bleiben sollten, vgl. im einzelnen *O. Bühler*, Die Zuständigkeitsverteilung auf dem Gebiete des Finanzwesens, in: Anschütz/Thoma, Handbuch des Deutschen Staatsrechts, Bd. 1, 321ff. (1930).

[56] RGBl. 1919, S. 1383ff.

[57] Die „Verreichlichung" der Steuerverwaltung geschah vorab durch besonderes Gesetz über die Reichsfinanzverwaltung v. 10. 9. 1919 (RGBl. 1919, 1591), das dann in die RAO v. 13. 12. 1919 aufgenommen wurde.

Widerstands der Länder eine seine Inanspruchnahme der sog. großen Steuern zentralstaatlich aktualisierende, steuertechnisch leistungsstarke reichseigene Finanzverwaltung. Vor dem Hintergrund der neuen transnational ausgreifenden Reichssteuern insbesondere auf dem Gebiete des Einkommens, die mit den Besteuerungsrechten anderer Staaten zu Lasten der Steuerpflichtigen zunehmend kollidierten, stehen die schon bald nach Schaffung der Weimarer Republik von deutscher Seite nachhaltig unternommenen Bemühungen, durch Abschluß von Staatsverträgen dem Übel der internationalen Doppelbesteuerung wirksam zu begegnen.

I. Deutsches Reich

Aufgrund der ausdrücklichen Ermächtigung in der RAO 1919[58] wurden in den beiden Jahrzehnten zwischen den Weltkriegen im Verhältnis zu anderen Staaten zahlreiche hoheitliche Maßnahmen zur Vermeidung der Doppelbesteuerung getroffen. Dabei handelt es sich nicht selten nur um einseitige deutsche Verwaltungsanordnungen, deren steuerliche Regelungsgegenstände mehr oder minder umfassend waren[59]. Wichtiger für die künftige Abkommenspraxis wurden die förmlichen Staatsverträge, mit deren Abschluß Deutschland – nicht zuletzt dank der diplomatischen und juristischen Pionierleistungen von *Herbert Dorn* – das noch junge Rechtsgebiet des vertraglichen IStR namentlich im europäischen Staatenkreis modellgebend zu inspirieren vermochte[60].

Besondere Bedeutung, nicht nur für die deutsche Vertragspolitik, gewann das deutsch-italienische DBA von 1925[61]. Dieser Staatsvertrag zeigte vor allem, daß es möglich ist, auch zwischen prinzipiell verschie-

---

[58] Der einschlägige § 7 bestimmte: „Die Reichsregierung kann mit Zustimmung des Reichsrats Vorschriften über die Gewährung von Rechtshilfe an ausländische Steuerbehörden erlassen und zur Ausgleichung der in- und ausländischen Besteuerung oder zur Anwendung eines Vergeltungsrechts die Steuerpflicht abweichend von den Steuergesetzen regeln".

[59] So betraf z. B. im Verhältnis zu Brasilien (1930) und den USA (1923/24) der Erlaß des RdF nur Einkünfte von Schiffahrtsunternehmen.

[60] Bis zum Ausbruch des 2. Weltkriegs wurden auf dem Gebiet der direkten Steuern allgemeine DBA mit folgenden Staaten abgeschlossen: Tschechoslowakei (1921); Österreich (1923); Italien (1925); UdSSR (1925); Schweden (1928); Schweiz (1931); Finnland (1935); Rumänien (1937); Ungarn (1938).

[61] Das DBA Italien (RGBl. 1925 II, 1145 ff.) ist, wie das Vorkriegsabkommen mit Finnland, immer noch anwendbar (BStBl. 1977 I, 301 ff.). Zu den Einzelregelungen vgl. insbesondere *H. Dorn*, StuW 1926, Sp. 97 ff.; *E. Isay*, Internationales Finanzrecht, 1934, 137 ff.

den ausgestalteten nationalen Steuerrechtsordnungen einen bilateralen Ausgleich zu finden. Gegenüber dieser grundsätzlichen Bedeutung jenes DBA, das allgemein als Durchbruch zu einer neuen Stufe staatsvertraglicher Steuerverzichte gewertet wurde, verlieren bestimmte, von der zwischenzeitlichen Entwicklung überholte vertragsrechtliche Konzepte[62] an Gewicht.

Im Rückblick auf die DBA-Entwicklung der Epoche nach dem ersten Weltkrieg zeigt sich das Deutsche Reich, dem auch in der Zahl der abgeschlossenen Verträge eine Führungsrolle zugewachsen war, als ein international anerkannter Wegbereiter der zwischenstaatlichen Abkommen zur Vermeidung der Doppelbesteuerung.

II. Bundesrepublik Deutschland

Der Wiederaufbau der deutschen Außenwirtschaft nach dem zweiten Weltkrieg und die Öffnung der Bundesrepublik zur internationalen Zusammenarbeit stellten die Bundesregierung vor die Aufgabe, die – dem Wohlstand der Nationen und der individuellen Freizügigkeit von Kapital und Arbeit sehr abträgliche – zwischenstaatliche Doppelbesteuerung durch gesetzgeberische und diplomatische Initiativen planmäßig abzubauen. Schon bald wurde die Ausgleichung kollidierender nationaler Steuerhoheiten von Wissenschaft und Staatspraxis als ein außen-, wirtschafts-, finanz-, steuer- und rechtspolitisches Ziel von besonderem Gewicht gewertet, zumal der Prozeß der Internationalisierung der Wirtschaft und der Maximierung der nationalen Steuerlasten unaufhörlich weiterging. Im Bundesfinanzministerium, dem für DBA federführenden Ressort, wurde rasch erkannt, daß das alte deutsche Abkommensnetz den neuen Anforderungen des sich mächtig ausweitenden zwischenstaatlichen Kapital-, Waren- und Personenverkehrs weder qualitativ noch quantitativ zu genügen vermochte. Besonders wichtig in der neuen Ära der DBA-Politik wurde das OECD-Modell 1963, dessen Gestalt durch die Mitwirkung deutscher Regierungsexperten an den Entwurfsarbeiten wesentlich beeinflußt ist. Eine Zwischenbilanz der finanzdiplomatischen

[62] So z.B. die Regelung des persönlichen Geltungsbereichs: das DBA Italien gilt nur für die Staatsangehörigen der beiden vertragschließenden Staaten, siehe auch BFH-Urteil vom 15. 9. 1971, abgedruckt in: *R. Weber-Fas*, Höchstrichterliche Rechtsprechung zu internationalen Doppelbesteuerungsabkommen (HR-DBA), Bd. II, 16, 22f.; die späteren DBA, insbesondere die vom OECD-Modell beeinflußten, dehnen die Schutzwirkung der Verträge aus auf jede in einem Vertragsstaat ansässige Person.

Gesamtaktivität Deutschlands nach dem zweiten Weltkrieg zeigt die Bundesrepublik[63] als einen Schrittmacher der internationalen Vertragspraxis mit dem Ziel, durch Herstellung eines weltumspannenden Abkommensnetzes den steuerrechtlichen Schutzbedürfnissen aller von internationaler Doppelbesteuerung bedrohten Abgabenpflichtigen angemessen Rechnung zu tragen.

Allgemeine DBA auf dem Gebiete der Steuern vom Einkommen und Vermögen sind in Kraft mit folgenden Staaten:

Ägypten (1959) BGBl. 1961 II S. 421
Argentinien (1978) BGBl. 1979 II S. 587
Australien (1972) BGBl. 1974 II S. 338
Belgien (1967) BGBl. 1969 II S. 18
Brasilien (1975) BGBl. 1975 II S. 2245
Dänemark (1962) BGBl. 1963 II S. 1312
Finnland (1935) RGBl. 1936 II S. 28
Frankreich (1959) BGBl. 1961 S. 398 sowie (1969) BGBl. 1970 II S. 719
Griechenland (1966) BGBl. 1967 II S. 853
Großbritannien (1964) BGBl. 1966 II S. 359 sowie (1970) BGBl. 1971 II S. 46
Indien (1959) BGBl. 1960 II S. 1829
Indonesien (1977) BGBl. 1979 II S. 188
Iran (1968) BGBl. 1969 II S. 2134
Irland (1962) BGBl. 1964 II S. 267
Island (1971) BGBl. 1973 II S. 358
Israel (1962) BGBl. 1966 II S. 330 sowie (1977) BGBl. 1979 II S. 181
Italien (1925) RGBl. 1925 II S. 1146
Jamaika (1974) BGBl. 1976 II S. 1195
Japan (1966) BGBl. 1967 II S. 872 sowie (1979) BGBl. 1980 II S. 1183
Kanada (1956) BGBl. 1957 II S. 188
Kenia (1977) BGBl. 1979 II S. 607
Korea (Republik) (1976) BGBl. 1978 II S. 191
Liberia (1970) BGBl. 1973 II S. 1285
Luxemburg (1958) BGBl. 1959 II S. 1270 sowie (1973) BGBl. 1978 II S. 109
Malaysia (1977) BGBl. 1978 II S. 925
Malta (1974) BGBl. 1976 II S. 110
Marokko (1972) BGBl. 1974 II S. 22
Mauritius (1978) BGBl. 1980 II S. 1262
Neuseeland (1978) BGBl. 1980 II S. 1223
Niederlande (1959) BGBl. 1960 II S. 1782 sowie (1980) BGBl. 1980 II S. 1151
Norwegen (1958) BGBl. 1959 II S. 1281
Österreich (1954) BGBl. 1955 II S. 750
Pakistan (1958) BGBl. 1960 II S. 1800 sowie (1963) BGBl. 1971 II S. 27 sowie (1970) BGBl. 1971 II S. 33
Polen (1972) BGBl. 1975 II S. 646 sowie (1979) BGBl. 1981 II S. 307
Rumänien (1973) BGBl. 1975 II S. 601
Sambia (1973) BGBl. 1975 II S. 661
Schweden (1959) BGBl. 1960 II S. 1815 sowie (1978) BGBl. 1980 II S. 748
Schweiz (1971) BGBl. 1972 II S. 1021

[63] Das modernisierte deutsche DBA-Netz umfaßt heute (Stand: 1. 1. 1982; Quelle: FR 1981, H. 4) alle Erdteile.

sowie (1978) BGBl. 1980 II S. 751
Singapur (1972) BGBl. 1973 II S. 373
Spanien (1966) BGBl. 1968 II S. 10
Sri Lanka (1962) BGBl. 1964 II S. 790
Südafrika (1973) BGBl. 1974 II S. 1185
Thailand (1967) BGBl. 1968 II S. 590
Trinidad und Tobago (1973) BGBl. 1975 II S. 679
Tunesien (1975) BGBl. 1976 II S. 1654
Ungarn (1977) BGBl. 1979 II S. 627
USA (1954) BGBl. 1954 II S. 1118 sowie (1965) BGBl. 1965 II S. 1610 (Neufassung) (1966) BGBl. 1966 II S. 746
Zypern (1974) BGBl. 1977 II S. 488

Erbschaftsteuer-DBA sind in Geltung mit:
Griechenland (1910) RGBl. 1912 II S. 173 sowie (1910)
Österreich (1954) BGBl. 1955 II S. 756
Schweden (1935) RGBl. 1935 II S. 860
Schweiz (1978) BGBl. 1980 II S. 595

Sonderabkommen für Einkünfte aus Schiffahrt bzw. Luftfahrt bestehen im Verhältnis zu:
Brasilien (Protokoll) (1950) BGBl. 1951 II S. 11
Chile (Handelsvertrag) (1951) BGBl. 1952 II S. 326
Volksrepublik China (Seeverkehrsvertrag) (1975) BGBl. 1976 II S. 1521
Italien (1968) BGBl. 1970 II S. 724
Jugoslawien (1954) BGBl. 1959 II S. 737
Kolumbien (1965) BGBl. 1967 II S. 762

Erstmalige DBA-Verhandlungen sind aufgenommen:
1. Abkommen auf dem Gebiet der Steuern vom Einkommen und vom Vermögen mit
Bangladesch
Ecuador
Elfenbeinküste
Gabun
Jugoslawien
Nigeria
Philippinen
Portugal
Sowjetunion
Tschechoslowakei
Türkei

2. Abkommen auf dem Gebiet der Erbschaftsteuern mit Israel
USA

3. Sonderabkommen betreffend die Einkünfte aus Schiffahrt und Luftfahrt mit Venezuela

Die neue Pionierzeit deutscher Abkommenspolitik[64] nach dem nationalen Zusammenbruch empfing entscheidende Impulse insbesondere von

[64] Zur Weitergeltung der vom Deutschen Reich abgeschlossenen DBA siehe *F. Klein*, Die Rechtswirksamkeit der deutsch-fremdstaatlichen Doppelbesteuerungsabkommen, StuW 1947, Sp. 185ff.

Wolfgang Mersmann[65], der sich als Architekt des Wiederaufbaus der innerstaatlichen Steuerordnung der Bundesrepublik und als deutscher Delegationschef bei zwischenstaatlichen Steuerverhandlungen bleibende Verdienste erworben hat.

Überblickt man die Abkommenspolitik der Bundesregierung im Ganzen, so lassen sich unter dem Gesichtspunkt verschiedener Staatengruppen deutsche DBA mit Industrieländern, mit Entwicklungsländern und mit Staatshandelsländern unterscheiden.

1. DBA-USA 1954

Das erste DBA mit Industrieländern – das erste deutsche Nachkriegsabkommen überhaupt – war das DBA 1954 mit den USA, konzipiert als steuerrechtliche Ergänzung[66] zu dem im selben Jahr abgeschlossenen deutsch-amerikanischen Handelsvertrag. Dieses deutsche Pilotabkommen für DBA mit Staaten des anglo-amerikanischen Steuerrechtskreises[67] war von besonderer Bedeutung auch deshalb, weil es zeigte, daß zwei grundverschiedene, in der nationalen Rechtstradition verwurzelte methodische Grundsätze der Doppelbesteuerungsvermeidung im selben Staatsvertrag miteinander kompatibel sein können. Deutscher Praxis entsprach es, im Wege der sog. Zuteilung der Steuergüter die Doppelbesteuerung auszuschalten. Dagegen bildete die Aufrechterhaltung der World-wide-income-Besteuerung in Verbindung mit der Anrechnung ausländischer Steuern (tax credit) ein tragendes Prinzip des US-amerikanischen Außensteuerrechts[68]. Diese unterschiedlichen Konzeptionen bringt das DBA-USA 1954 in dualer Weise zur staatsvertraglichen Konkordanz[69]. Danach stellt die Bundesrepublik die Einkünfte, die nach

[65] Eine kurze Würdigung von Leben und Werk des nachmaligen Präsidenten des Bundesfinanzhofs findet sich bei *R. Weber-Fas*, Wolfgang Mersmann zum Gedächtnis, NJW 1973, S. 2057.

[66] Zu den Einzelheiten dieses DBA siehe *W. Mersmann*, Das Abkommen zur Vermeidung der Doppelbesteuerung zwischen den Vereinigten Staaten von Amerika und der Bundesrepublik Deutschland, DStZ/A, 1955, S. 321ff.

[67] Die USA, die sich lange mit dem Abschluß von DBA zurückgehalten hatten, begannen erst in den Jahren des 2. Weltkriegs mit einer weltweit angelegten, nach Kriegsende planmäßig ausgedehnten Verhandlungsaktivität zur vertraglichen Vermeidung der internationalen Doppelbesteuerung; zur Entwicklung des US-amerikanischen Abkommensnetzes vgl. *R. Weber-Fas*, Corporate Residence Rules for International Tax Jurisdiction, 5 Harvard Journal on Legislation (1968) S. 175, 209, Fn. 155).

[68] Dazu mit Literaturnachweisen *R. Weber-Fas*, op. cit., S. 206ff.

[69] Der bilaterale Ausgleich zwischen Wohnsitzstaats- und Quellenstaatsprinzip wurde auf folgender Linie gefunden: Der Quellenstaat behält das Besteuerungsrecht für Ein-

der abkommensrechtlichen Zuordnung der amerikanischen Besteuerung unterliegen, von der deutschen Steuer frei. Die USA hingegen besteuern ihre Pflichtigen, als ob das DBA nicht bestünde, sichern aber zur Vermeidung der Doppelbesteuerung für die aus Deutschland stammenden Einkünfte eine Steuergutschrift zu. Abgesehen von solchen strukturellen Neuerungen markiert das DBA-USA 1954 auch wichtige inhaltliche Fortschreibungen der deutschen Vertragspraxis im Vergleich zu den DBA der Vorkriegszeit. Diese Entwicklung zeigt sich zum Beispiel bei den vertragsrechtlichen Regelungen des persönlichen Geltungsbereichs[70], der Freistellung mit Progressionsvorbehalt[71] und des Diskriminierungsverbots[72].

2. *DBA-Belgien 1967*

Ein weiterer wichtiger Schritt deutscher Vertragspolitik im Verhältnis zu Industrieländern war das DBA-Belgien 1967[73]. Mit diesem Abkom-

---

künfte aus gewerblichen Betriebsstätten und für Dividenden, ferner für Einkünfte aus unbeweglichem Vermögen und aus öffentlichen Kassen; dem Wohnsitzstaat verbleibt die Besteuerung der Zinsen, der Lizenzgebühren, der privaten Ruhegehälter und Leibrenten sowie der Einkünfte aus Seeschiffahrt und Luftfahrt, vgl. im einzelnen DBA-USA, BGBl. 1954 II, S. 1118ff. – Auf ein Schlußprotokoll wurde (im Unterschied zum DBA-Italien 1925) verzichtet, statt dessen erließen die obersten Finanzbehörden beider Staaten eingehende Verwaltungsrichtlinien für die Anwendung des DBA, vgl. für die deutsche Seite BStBl. 1957 I, S. 154, 209.

[70] Vorherrschend in den DBA des Deutschen Reiches war das Nationalitätsprinzip, d.h. die Anknüpfung an die Staatsangehörigkeit für die Frage, wem subjektive Rechte aus dem DBA zustehen. Demgegenüber gilt das DBA-USA 1954, neueren Vorstellungen folgend, für alle Personen, die in der Bundesrepublik oder in den USA ansässig sind (sc. dort Wohnsitz, gewöhnlichen Aufenthalt, „residence“, Ort der Geschäftsleitung oder Sitz haben).

[71] Im Unterschied zu der – in den deutschen Vorkriegsabkommen geltenden – Methode der unbeschränkten Freistellung, deren Anwendung zur Benachteiligung von Steuerpflichtigen ohne Auslandseinkünfte gegenüber Pflichtigen mit Auslandseinkünften führen kann, bestimmt das DBA-USA 1954, daß sich die Besteuerung im Wohnsitzstaat nach dem Steuersatz bemißt, der dem Gesamteinkommen (einschließlich der kraft DBA freigestellten Einkünfte) entspricht. Hierdurch wird für die dem Wohnsitzstaat vertragsgemäß zustehende Besteuerung eine – dem Leistungsfähigkeitsprinzip der Personensteuern entsprechende – Belastung gemäß der progressiven Gestaltung des Steuertarifs sichergestellt (Progressionsvorbehalt).

[72] Das Gebot der Nichtdiskriminierung von Staatsangehörigen der Vertragsstaaten wird erstmalig in diesem deutschen DBA verankert. Die Vorschrift gilt, über die im DBA genannten Steuern hinaus, für alle Abgaben der Abkommenspartner. Zum Grundsätzlichen siehe *H. Jaenicke*, Der Begriff der Diskriminierung im modernen Völkerrecht, 1940; *H. Kipp*, Das Verbot der Diskriminierung im modernen Friedensvölkerrecht, Arch. d. Völkerrechts Bd. 9 (1961), S. 137ff.; *W. Kewenig*, Der Grundsatz der Nichtdiskriminierung im Völkerrecht der internationalen Handelsbeziehungen, Bd. 1, 1971.

[73] BGBl. 1969 II, S. 18ff.

men schloß die Bundesrepublik die letzte noch bestehende Steuervertragslücke zur Staatengruppe der EWG-Mitglieder. Vor allem aber belegt das deutsch-belgische DBA den prägenden Einfluß, den das OECD-Modell 1963 von Anfang an auf die deutsche Vertragspraxis ausgeübt hat. Moderner Konzeption entsprechend gilt das DBA für Personen, die in einem Vertragsstaat oder in beiden Vertragsstaaten ansässig sind[74]. Der Begriff der Ansässigkeit bestimmt sich nach den Kriterien der unbeschränkten Steuerpflicht gemäß nationalem Recht der Vertragsstaaten. Dieser territoriale Bezugspunkt der Ansässigkeit ist maßgebend nicht nur für die individuelle Abkommensberechtigung, sondern auch für die bilaterale Zuordnung der Besteuerungsrechte. Weitergehend als das DBA-USA 1954 erstreckt sich das deutsch-belgische DBA[75] auf alle Steuern vom Einkommen und Vermögen[76], die für Rechnung eines der Vertragsstaaten, seiner Länder oder Gebietkörperschaften erhoben werden. Nach der Systematik des Abkommens ist der Schutzberechtigte mit seinen Einkünften und Vermögensteilen nur in dem Staat steuerpflichtig, in dem er ansässig ist, es sei denn, das DBA hält die Besteuerung im anderen Vertragsstaat für bestimmte Steuergüter aufrecht. Im Blick auf die bei der bilateralen Zuordnung der Steuergüter konfligierenden Grundsätze des Wohnsitzstaatsprinzips einerseits und des Quellenstaatsprinzips andererseits zeigt das deutsch-belgische DBA eine weitgehende Einschränkung der Besteuerung im Quellenstaat[77].

3. DBA-Schweiz 1971

Einen besonderen Akzent in der Entwicklung deutscher Abkommenspraxis im Verhältnis zu Industrieländern setzte das deutsch-schweizerische DBA 1971, das – nach langwierigen bilateralen Verhandlungen – das dringend revisionsbedürftige[78] DBA 1931 ablöste. Das

[74] Das Kriterium der Staatsangehörigkeit ist nur noch von Bedeutung für die Fälle des Doppelwohnsitzes, des Diskriminierungsverbots und der Besteuerung von Vergütungen und Ruhegehältern aus öffentlichen Kassen.

[75] Auf dieser Linie bewegten sich bereits die neueren Nachkriegsabkommen wie z. B. das DBA-Österreich (1954).

[76] Dazu zählen auf deutscher Seite: Einkommensteuer, Körperschaftsteuer, Vermögensteuer, Gewerbesteuer, Grundsteuer.

[77] Zu den Einzelfragen der Aufrechterhaltung, Einschränkung oder Aufhebung der Quellenstaatbesteuerung bei den verschiedenen Einkünften und Vermögensteilen vgl. Art. 6 bis 22 des DBA-Belgien.

[78] Als besonders unbefriedigend wurde empfunden, daß das alte DBA-Schweiz mehr und mehr zu Transaktionen benutzt wurde, die zu unangemessenen Steuervorteilen

revidierte DBA[79], das die komplexen deutsch-schweizerischen Steuerbeziehungen auf eine neuartige Basis stellte, folgt zwar in der Beschränkung der Besteuerungsrechte des Quellenstaats grundsätzlich dem OECD-Modell 1963, erhält aber sein eigentümliches Gepräge durch die besonderen Vertragsnormen zur Regelung der Wohnsitzstaatsbesteuerung und der subjektiven Abkommensberechtigung. Das DBA-Schweiz 1971 steht, was die Rechtsanwendung erheblich erschwert, in engem Zusammenhang mit dem deutschen Außensteuergesetz 1972[80]. Das neue Abkommen[81] enthält, um die Inanspruchnahme ungerechtfertigter Steuervorteile auszuschalten[82], eine Reihe von Sondervorschriften für natürliche Personen und für Gesellschaften[83].

4. *DBA-Brasilien 1975*

Unter den deutschen DBA mit Entwicklungsländern hat das deutsch-

---

führten, vgl. *H. Debatin*, Der deutsch-schweizerische Steuervertrag, DB 1972, S. 1939ff.; *M. Widmer*, Die schweizerischen Maßnahmen gegen den Mißbrauch von Doppelbesteuerungsabkommen, StuW 1963, Sp. 81ff. – Nachdem im sog. Steueroasenbericht (Bundestagsdrucksache IV/2412), den der Bundestag zur Frage der Wettbewerbsverfälschungen aus Sitzverlagerungen und zwischenstaatlichem Steuergefälle sich hatte erstatten lassen, die Notwendigkeit einer neuen Gesamtregelung zur Beseitigung ungerechtfertigter Steuervorteile unterstrichen wurde, schlug die Bundesregierung Ende 1964 dem Schweizerischen Bundesrat die baldige Aufnahme von DBA-Revisionsverhandlungen vor.

[79] BGBl. 1972 II, S. 1022ff.

[80] BGBl. 1972 I, S. 1713ff.; siehe auch die einschlägigen Verwaltungsvorschriften des BdF zum neuen DBA (BStBl. 1975 I, S. 479ff.). Zum Gesetz über die Besteuerung bei Auslandsbeziehungen vgl. *H. Flick/F. Wassermeyer/H. Becker*, Kommentar zum Außensteuergesetz, 1973/1978, 3. Aufl.; *H. Vogel*, Schwerpunkte des Außensteuerreformgesetzes in Verbindung mit dem neuen deutsch-schweizerischen Doppelbesteuerungsabkommen, DB 1972, S. 1402ff.

[81] Siehe auch *R. Kreile*, Das revidierte deutsch-schweizerische Doppelbesteuerungsabkommen, BB 1971, S. 1227ff.

[82] Dazu *H. Debatin*, Außensteuerreformgesetz und Neukonzeptionen im revidierten deutsch-schweizerischen Doppelbesteuerungsabkommen, StKRep. 1973, S. 193ff.

[83] Beispiele: Eine natürliche Person gilt als nicht ansässig in einem Vertragsstaat, wenn sie hier nicht mit allen nach dem Steuerrecht dieses Staates steuerpflichtigen Einkünften aus dem anderen Staat der vollen Besteuerung unterliegt (Art. 4, Abs. 6, lit. a); eine in der Schweiz ansässige natürliche Person, die nicht die schweizerische Staatsangehörigkeit besitzt und die in der Bundesrepublik Deutschland mindestens fünf Jahre unbeschränkt steuerpflichtig war, unterliegt nach ihrem Wegzug in die Schweiz in den folgenden fünf Jahren mit ihren aus Deutschland stammenden Einkünften der deutschen Besteuerung (Art. 4 Abs. 4); keine Anwendung findet das DBA auf bestimmte Gesellschaften wie z.B. Gewinnthesaurierungsgesellschaften, steuerprivilegierte Gesellschaften und Familienstiftungen (Art. 23), vgl. auch *B. Grossfeld*, Basisgesellschaften im internationalen Steuerrecht, 1974.

brasilianische Abkommen[84] besonderes Gewicht[85]. Von diesem Steuervertrag, der nicht nur im Kreis der lateinamerikanischen Staaten[86] stark beachtet wurde, gingen für die deutsche Verhandlungsaktivität auf diesem Kontinent nachhaltige Impulse aus[87]. Die deutsch-brasilianischen Gespräche gestalteten sich zunächst schwierig, da beide Seiten von unterschiedlichen Konzeptionen ausgingen. Brasilien, dessen Investitionen in Deutschland vorerst kaum ins Gewicht fallen, betonte als Quellenstaat das Territorialitätsprinzip der Besteuerung, während die deutschen Unterhändler entsprechend der bisherigen Vertragspraxis das Prinzip der Wohnsitzstaatsbesteuerung vertraten. Demgemäß konnte das schließlich zustande gekommene Vertragswerk nicht mehr sein als ein relativ ausgewogener Kompromiß. Das DBA-Brasilien folgt im vertragstechnischen Aufbau und in der Systematik dem OECD-Modell, kommt aber im substantiellen Ausgleich der nationalen Steuerberechtigungen den Interessen der brasilianischen Seite deutlich entgegen. Dazu gehört insbesondere auch die – in neueren deutschen DBA mit Entwicklungsländern grundsätzlich konzedierte, als steuerlicher Anreiz für Kapitalinvestitionen gedachte – fiktive Anrechnung von Quellensteuern bei der deutschen Besteuerung von Dividenden, Zinsen und Lizenzgebühren[88].

5. DBA-Polen 1972

Das deutsch-polnische DBA 1972[89], der erste Steuervertrag der Bundesrepublik mit einem Mitgliedstaat des Comecon, bildete den Auftakt

---

[84] BGBl. 1975 II, S. 2246ff.

[85] Spätestens in der Endphase der deutsch-brasilianischen Verhandlungen, die mit Unterbrechungen über ein Jahrzehnt gepflogen wurden, war die Bundesrepublik der – nach den USA – zweitgrößte Investor in Brasilien: die dort deutscherseits vorgenommenen Privatinvestitionen waren erheblich höher als diejenigen in jedem anderen Entwicklungsland. Die außergewöhnlich dynamische Wirtschaftsentwicklung Brasiliens in jüngerer Zeit, vor allem die jährlichen Zuwachsraten im Bereich der Industrie, haben weltweit große Beachtung gefunden, vgl. auch die deutsche Denkschrift zum DBA, Bundestagsdrucksache 7/4229.

[86] Das erste der – inzwischen zahlreichen – deutschen DBA mit Entwicklungsländern wurde 1958 mit Pakistan abgeschlossen (BGBl. 1960 II, S. 1800ff.).

[87] Dem DBA-Brasilien 1975 folgten die DBA mit Ecuador (1977) und Argentinien (1978).

[88] Zu den Einzelheiten des Abkommens vgl. *R. Korn/G. Dietz/H. Debatin*, Doppelbesteuerung. Sammlung der zwischen der Bundesrepublik Deutschland und dem Ausland bestehenden Abkommen über die Vermeidung der Doppelbesteuerung. Kommentar (Loseblatt), DBA-Brasilien.

[89] BGBl. 1975 II, S. 646ff.

zu weiteren Abkommen mit Staatshandelsländern[90]. Dieses Leitabkommen für die deutsche Vertragspraxis im Verhältnis zu sozialistischen Staaten folgt in seiner grundsätzlichen Struktur weitgehend den Empfehlungen des OECD-Modells. Zugleich nimmt es jedoch Rücksicht auf die besonderen Interessen, die aus den unterschiedlichen ökonomischen und gesellschaftlichen Systemen der Partnerstaaten folgen. Ein wichtiger Punkt bei den bilateralen Vertragsverhandlungen war insbesondere die Suche nach einem abkommensrechtlichen Kompromiß für die Besteuerung der Bauausführungen bzw. des Montage-Personals[91]. In seiner Wirkungsweise entspricht dieses DBA – es regelt auch Bereiche, die zur Zeit des Vertragsschlusses noch in Entwicklung waren[92] – der traditionellen deutschen Vertragsgestaltung, indem es grundsätzlich die Doppelbesteuerung, wenngleich unter Progressionsvorbehalt, im Wege der Freistellungsmethode ausschaltet. Substantiell schränkt das Abkommen die Besteuerung im Quellenstaat[93] spürbar ein.

III. Alte und neue Funktionen deutscher DBA

In der Gesamtentwicklung der deutschen Doppelbesteuerungsabkommen werden bestimmte funktionale Schwerpunkte und Akzente deutlich, die – teils von Anfang an, teils erst in neuerer Zeit – diesem

[90] Die nächsten deutschen DBA im Verhältnis zu sozialistischen Staaten waren die Abkommen mit Rumänien (BGBl. 1975 II, S. 602ff.) und mit Ungarn (BGBl. 1979 II, S. 627ff.). – Zu den DBA mit Ostblockstaaten siehe *K. Manke*, Neue Entwicklungen beim Abschluß von Doppelbesteuerungsabkommen, StuW 1976, S. 93, 98.

[91] Dabei konnte die deutsche Seite dem polnischen Wunsch nach möglichst langfristiger Freistellung von der deutschen Besteuerung aus grundsätzlichen abkommenspolitischen Erwägungen nur begrenzt entgegenkommen, vgl. Abschn. 5 des Protokolls zu Art. 5 DBA-Polen. Zur allgemeinen Tendenz der Staatshandelsländer bezüglich der Betriebsstätteneigenschaft von Bauausführungen und Montagen siehe *W. G. Kuiper*, East-West Tax Treaties, European Taxation 1975, S. 185ff.

[92] Zu nennen sind insbesondere die sog. joint ventures; obwohl für diese gemischten Gesellschaften noch keine ausdrücklichen polnischen Vorschriften existieren, geht das DBA davon aus, daß sich deutsche Unternehmen an polnischen Unternehmen beteiligen können.

[93] Insbesondere durch Begrenzung bei der Dividendenbesteuerung (Art. 10) und durch Steuerfreistellung bei Zinsen und Lizenzgebühren (Art. 11 und 12). – Zwar kennen die kommunistischen Länder für ihre Genossen und Genossenschaften keine Einkommensteuern usw. im traditionellen Sinne, indessen hat Polen, um die Steuergüter fremder Wirtschaftssubjekte erfassen zu können, ein spezielles Einkommensteuergesetz erlassen, das in anderen sozialistischen Staaten Schule machen könnte, vgl. dazu *K. S. Jap/L. Hintzen*, Das polnische Einkommensteuergesetz vom 16. 12. 1972 (der nicht sozialistischen Wirtschaft), AWD 1974, S. 382ff.

Rechtsgebiet ihr besonderes Gepräge geben. Dabei sind insbesondere folgende Haupt- und Nebenfunktionen, die in einem mehr oder weniger konsistenten vertragsrechtlichen Zusammenhang stehen, deutlich zu erkennen.

1. Vermeidung der zwischenstaatlichen Doppelbesteuerung

Primärer Zweck aller deutschen DBA seit dem Übergang vom Kaiserreich zur Weimarer Republik – gleichgültig, ob es sich um Verträge mit Industrieländern, Entwicklungsländern oder Staatshandelsländern handelt – ist die Ausschaltung der internationalen Doppelbesteuerung. Diesem Grundanliegen des IStR dienen, wie ein Blick auf die Steuerrechtsordnungen der verschiedenen Staaten zeigt, außer dem Instrument des Staatsvertrages noch andere Rechtsinstitute.

Zwar besteht im steuerrechtlichen Verhältnis der Staaten kein normatives Eingriffsverbot im Sinne des ne-bis-in-idem-Prinzips. Doch galt die internationale Doppelbesteuerung in Wissenschaft und Praxis seit jeher als ein Übel, dessen Beseitigung in zunehmendem Maße als wichtige Staatsaufgabe erkannt wurde. Dieses Übel hat sich in neuerer Zeit progressiv verschlimmert durch die unaufhörlich steigenden Steuerbelastungen als Folge des uferlosen Finanzbedarfs, der für den Sozialstaat der Gegenwart kennzeichnend ist[94].

Angesichts der fortschreitenden Interdependenz der Nationalökonomien des Erdballs[95] einerseits und der empfindlichen Störung[96] des internationalen Wirtschaftswachstums durch zwischenstaatliche Mehrfachbesteuerung andererseits war es eine grundsätzlich richtige Politik, daß die Bundesregierung – neben ihren planmäßigen Bemühungen zur Schaffung eines weltweiten Netzes bilateraler Steuerverträge – schon bald nach dem Wiedererstarken der deutschen Außenwirtschaft weitrei-

---

[94] Zu den außerordentlichen Steigerungen der Steuersätze, vor allem nach den beiden Weltkriegen, vgl. auch *H. Nawiasky*, Allgemeine Staatslehre, 2. Teil, Bd. II (1955), S. 86.

[95] Dazu *G. Erler*, Grundprobleme des Internationalen Wirtschaftsrechts, 1956, S. 11.

[96] Dies betonen insbesondere auch *H. Dorn*, Welche Grundsätze empfehlen sich für das internationale Vertragsrecht zur Vermeidung internationaler Doppelbesteuerung . . .?, Verhandlungen des 33. Dt. Juristentages, 1924 (1925), S. 510f.; *E. Isay*, Internationales Finanzrecht, 1934, S. 16, 133; *W. Mersmann*, Die Ausgleichung und Harmonisierung der Steuersysteme, StbJb 1959/60, S. 35, 39; *ders.*, Internationale Doppelbesteuerung, in: Handbuch der Finanzwissenschaft, hg. von F. Neumark, 4. Bd. (1965), 91, 95; *A. Spitaler*, Prolegomena zur Wiedereingliederung in die internationale Ausgleichung der Steuersysteme, StbJb 1951, S. 322.

chende unilaterale[97] Maßnahmen zur Vermeidung der Doppelbesteuerung ergriffen hat. Besonders hervorzuheben ist in diesem Zusammenhang[98] die legislative Einführung des – im anglo-amerikanischen Rechtskreis bereits vorher bewährten – Instituts der Steueranrechnung[99], wodurch namentlich im Verhältnis zu Staaten, mit denen Deutschland noch kein DBA abgeschlossen hatte, eine fühlbare Entlastung der betroffenen Steuerpflichtigen erreicht wurde.

2. *Förderung der internationalen Freizügigkeit*

Zur Vermeidung der internationalen Doppelbesteuerung als dem

[97] Als Instrument gegen Doppelbesteuerung lassen sich unilaterale, bilaterale und multilaterale Maßnahmen unterscheiden. Die bisherigen Bemühungen um multilaterale Steuerverträge (mehrseitige Staatsverträge; Kollektivabkommen) sind ohne nennenswerten Erfolg geblieben, selbst im Bereich der EG-Staatengruppe. Schon früh scheiterte der Versuch eines multilateralen Ausgleichs zwischen den Nachfolgestaaten der österreichisch-ungarischen Monarchie (zu diesem sog. Römer-Vertrag vgl. *O. Bühler*, Völkerrecht und Landesrecht im internationalen Steuerrecht, ZaöRV Bd. 19 (1958), S. 668, 687). Nur auf einem sehr begrenzten Sektor, dem der Besteuerung von Straßenfahrzeugen, gelang bisher der Abschluß einer multilateralen Vereinbarung (BGBl. 1960, II, S. 2397). Solange die Welt aus steuersouveränen Staaten mit höchst unterschiedlichen politischen, gesellschaftlichen, wirtschaftlichen und rechtlichen Strukturen besteht, dürfte auch in Zukunft – im Unterschied zum bilateralen Vertrag, der individuell abgestimmten zwischenstaatliche Steuerverzichte ermöglicht – der multilaterale Vertrag keine große Bedeutung bei der Ausschaltung internationaler Doppelbesteuerung erlangen.

[98] Gegenüber dem bilateralen DBA als dem relativ besten und der unilateralen Selbstbeschränkung der Staaten als dem subsidiären Lösungsweg fallen die sonstigen Instrumente gegen Doppelbesteuerung – wie etwa völkerrechtliche Retorsionen und Repressalien oder Meistbegünstigungsklauseln in Handelsverträgen – praktisch oder rechtlich kaum ins Gewicht. – Über die Regelung der direkten Besteuerung in alten Handelsverträgen vgl. *G. Schanz*, Zur Frage der Steuerpflicht, FinArch, 9. Jg., 2. Bd., S. 1, 72. – Zur Unzulässigkeit der Erstreckung von DBA auf Steuerpflichtige eines Drittstaates aufgrund einer Meistbegünstigungsklausel im Handelsvertrag des Drittstaates mit einem Partnerstaat des DBA siehe *I. Blumenstein*, Doppelbesteuerungsabkommen und Handelsverträge in ihrer Funktion als Rechtsquellen des schweizerischen Steuerrechts, in: Rechtsquellenprobleme im schweizerischen Recht, Bern 1955, S. 174, 180; *H. Dorn*, Das Recht der internationalen Doppelbesteuerung, VJSchrStFR 1 (1927), S. 189, 198; *P. Guggenheim*, L'imposition des successions en droit international et le problème de la double imposition, Genf 1928, S. 71.

[99] Seit 1957 bestehen in der Bundesrepublik unilaterale Rechtsvorschriften zur Ausschaltung bzw. Milderung der internationalen Doppelbesteuerung auf dem Gebiet der Einkommensteuer, Körperschaftsteuer, Vermögensteuer und Erbschaftsteuer. Zu den Einzelheiten der – direkten, indirekten und fiktischen – Anrechnung ausländischer Steuern auf die deutsche Steuerschuld oder der Pauschalierung der inländischen Steuer oder des Abzugs der ausländischen Steuer von der inländischen Bemessungsgrundlage siehe *L. Fischer/ P. Warneke*, Grundlagen der Internationalen Betriebswirtschaftlichen Steuerlehre, 2. Aufl. 1978, S. 138ff.

durchgängigen Hauptzweck aller deutschen DBA trat im Laufe der Entwicklung, in verstärktem Maße bei den Nachkriegsabkommen der Bundesrepublik, die Liberalisierungsfunktion als wichtige Zielvorstellung hinzu. Beide vertragspolitischen Intentionen stehen in engem sachlichen Zusammenhang, weil die freie zwischenstaatliche Bewegung von Personen, Investitionen, Handelswaren und Dienstleistungen durch internationale Doppelbesteuerung nachhaltig behindert[100] wird. Bereits in der Pionierzeit der DBA-Bewegung haben Staatsregierungen und ihre Vertragsarchitekten[101] die Notwendigkeit des Abschlusses zwischenstaatlicher Steuerverträge im Interesse der grenzüberschreitenden Freizügigkeit der Wirtschaft deutlich erkannt[102]. Angesichts der steigenden Steuerlasten nach dem Zweiten Weltkrieg trat der Liberalisierungsgedanke immer nachhaltiger in Erscheinung. Einen exemplarischen Ausdruck fand die Idee der internationalen Freizügigkeit der Wirtschaft in dem deutsch-amerikanischen DBA 1954. Diese grundsätzliche Linie[103] wurde fortgesetzt durch die späteren DBA mit Industrieländern in Europa und Übersee. Auch die deutschen DBA mit Entwicklungsländern und Staatshandelsländern dienen nicht zuletzt der Förderung internationaler wirtschaftlicher Zusammenarbeit mittels staatsvertraglicher Beseitigung steuerlicher Hindernisse.

3. Unzulässigkeit steuerlicher Diskriminierung

Die Liberalisierungsfunktion der DBA wird unterstützt durch das

[100] Auf diese Hindernisse hat auch die International Fiscal Association zu Recht immer wieder aufmerksam gemacht, vgl. etwa die Entschließungen der IFA-Kongresse zu Rom (1948), Madrid (1959) und Athen (1962), in: Deutsche Vereinigung für Internationales Steuerrecht, Themen und Resolutionen der IFA-Kongresse, 1967, S. 7, 33, 51.

[101] Auf deutscher Seite vor allem *H. Dorn*, Die internationale Doppelbesteuerung und ihre Milderung durch die Nachkriegsabkommen Deutschlands, StuW 1925, Sp. 1037, 1039f.

[102] Siehe auch die Denkschrift zum DBA-Italien 1925, wonach der Vertrag die Aufgabe hat, „auf dem Gebiet der direkten Steuern für die Praxis des Wirtschaftslebens zweier großer Völker geeignete Lösungen zu finden, die auf der einen Seite die Aufrechterhaltung der Steuersysteme gestatten, auf der anderen Seite die Wirtschaft der beiden Völker, die Grenzen überschreitet, den notwendigen Schutz vor der Doppelbesteuerung zu gewährleisten“ (Verhandlungen des Reichstages, III. Wahlperiode 1924, Bd. 405 Nr. 1488, Anlagen zu den stenographischen Berichten, 11).

[103] Das Prinzip der Liberalisierung liegt, wenngleich ohne ausdrücklichen steuerlichen Bezug, auch der OEEC-Konvention von 1948 zugrunde, vgl. insbesondere Art. 8, wonach sich die vertragschließenden Parteien verpflichten, „gemeinsam an der Beseitigung der Hindernisse mitzuwirken, die der Freizügigkeit entgegenstehen“, in: Verträge der Bundesrepublik Deutschland, Serie A, Multilaterale Verträge, hg. v. Auswärtigen Amt (1979), Bd. 1, 2, 9 (53, 54).

Diskriminierungsverbot in den neueren deutschen Abkommen. Den Steuerverträgen des Deutschen Reiches war der Gedanke der Nichtdiskriminierung[104] noch fremd. Diese vertragsrechtliche Funktionserweiterung geht zurück auf die Außensteuerpolitik der Bundesregierung, wie sie erstmals in den frühen DBA mit Industrieländern zum Ausdruck kam[105]. Das Diskriminierungsverbot im Sinne der Unzulässigkeit einer steuerlich ungünstigeren Behandlung fremder Personen und ausländischer Unternehmen bezweckt nicht eigentlich die Vermeidung der internationalen Doppelbesteuerung. Indessen verstärkt dieses neue Element des Steuervertragsrechts die moderne Funktion der DBA, den für den Wohlstand der Nationen und das Wohlbefinden der Menschen förderlichen internationalen Austausch von Personen, Gütern, Kapital und Arbeit zu liberalisieren. Die ersten Ansätze eines Diskriminierungsverbots in den frühen Nachkriegsabkommen fanden allmählich ihre umfassende Ausgestaltung in den deutschen DBA, deren Inhalt und Aufbau vom OECD-Modell 1963 geprägt wurden. Das neue Gleichbehandlungsgebot, das unter dem Vorbehalt der Gegenseitigkeit steht[106], verbietet die Schlechterstellung[107] der Staatsangehörigen des anderen Staates, der Betriebstätten von Unternehmen des anderen Staates und der Unternehmen, deren Kapital in Händen oder unter Kontrolle von im anderen Staat ansässigen Personen ist[108].

4. *Wirtschaftshilfe für Entwicklungsländer*

Besonders deutlich wird die – über den klassischen Hauptzweck der

---

[104] Grundlegend zu Inhalt und Bedeutung des Diskriminierungsverbots im Völkerrecht: *W. Kewenig*, Der Grundsatz der Nichtdiskriminierung im Völkerrecht der internationalen Handelsbeziehungen, Bd. 1, Der Begriff der Diskriminierung, 1972.

[105] Siehe etwa Art. XVIII Abs. 3 DBA-USA 1954.

[106] Siehe auch Kommentar zum OECD-Musterabkommen 1963, Art. 24, Anm. 1.

[107] Daß ein Ausländer sich zwar nicht über die Besteuerung schlechthin, wohl aber über eine spezifisch höhere Besteuerung zu beschweren berechtigt sei, bemerkt bereits *A. Wagner*, Finanzwissenschaft, II, 2. Teil (1880), S. 318.

[108] Exemplarisch für dieses erweiterte – an Staatsangehörigkeit, Geschäftstätigkeit und Kapitalbeherrschung anknüpfende – Diskriminierungsverbot ist Art. 24 des DBA-Belgien 1967 nebst Abschn. 15 des Schlußprotokolls. Der praktisch bedeutsamste Anwendungsfall ist das Verbot der Betriebsstättendiskriminierung. Zu den Einzelheiten vgl. *H. Debatin*, Das Verbot steuerlicher Diskriminierung, DStZ/A 1970, 129ff.; *G. Sass*, Zur Auslegung der in Doppelbesteuerungsabkommen übernommenen OECD-Klausel über die Nichtdiskriminierung von Betriebsstätten, AWD 1965, S. 106ff.; *A. Raupach*, Diskriminierungsverbote und Gleichbehandlungsklauseln in Doppelbesteuerungsabkommen, AWD 1966, S. 85ff.

DBA hinausgehende – Funktionsanreicherung der neueren deutschen DBA in den Steuerverträgen mit Entwicklungsländern[109].

Hintergrund der einschlägigen abkommensrechtlichen Sonderregelungen[110] ist das – von Land zu Land verschieden starke – wirtschaftliche Ungleichgewicht des bilateralen Kapitalflusses und Güterverkehrs zwischen industriell entwickelten und noch in Entwicklung befindlichen Staaten. Da es an einer hinreichenden Parität der gegenseitigen Besteuerungspotentiale fehlt, bedarf es zunächst im Verhältnis zu Entwicklungsländern einer besonderen, individuell abgestimmten Regelung der Steuerverzichte der Vertragsstaaten[111]. Überdies leistet die Bundesrepublik in ständiger Abkommenspraxis[112] eine spezifische Wirtschaftshilfe[113] gegenüber Entwicklungsländern in der Weise, daß sie – korrespondierend zu den vom Partnerstaat an ausländische Investoren gewährten Steuervergünstigungen – die von diesem Staat an der Quelle tatsächlich nicht erhobenen Steuern beim deutschen Investor und Lizenzgeber auf dessen Steuer im Wohnsitzstaat anrechnet. Diese Art von Investitionsförderung durch fiktive Anrechnung von Steuern, auf die das Entwicklungsland zur Anreizung ausländischer Privatinvestitionen verzichtet hat, ist, mit bilateralen Modifikationen[114], ein wichtiges Strukturelement sämtlicher deutscher DBA mit Entwicklungsländern.

---

[109] Zu den Begriffsmerkmalen dieser – nicht ganz glücklichen – weithin üblichen Bezeichnung vgl. auch *G. Heiduk*, Die weltwirtschaftlichen Ordnungsprinzipien von GATT und UNCTAD, 1973, S. 33ff. – Die Abgrenzung von Industrieländern und Entwicklungsländern ist auch deshalb nicht leicht, weil selbst industriell hochentwickelte Staaten in Teilbereichen nicht selten noch unterentwickelt sind. Mangels einer international verbindlichen Rechtsnorm mag es praktisch sein, in Anlehnung an eine Executive Order des US-Präsidenten von 1962 vorläufig folgende Staaten als Nicht-Entwicklungsländer zu bezeichnen: Australia, Austria, Belgium, Canada, Denmark, France, Federal Republic of Germany, Hong Kong, Italy, Japan, Liechtenstein, Luxembourg, Monaco, Netherlands, New Zealand, Norway, U.S.A., Union of South Africa, San Marino, Sweden, Switzerland, United Kingdom.

[110] Über Sondervorschriften zugunsten von Entwicklungsländern in außersteuerlichen Abkommen vgl. auch *B. Simma*, Das Reziprozitätselement im Zustandekommen völkerrechtlicher Verträge, 1972, S. 298.

[111] Dies zeigt sich insbesondere in einer stärkeren Betonung des Quellenstaatsprinzips bei der Besteuerung von Dividenden, Zinsen und Lizenzgebühren.

[112] So bereits im DBA-Indien 1959, Art. XVI, Abs. 3.

[113] Dies liegt auf der Linie der UNO-Resolutionen von 1954 und 1957, die einen doppelten Appell enthielten: Einerseits sollten die Entwicklungsländer durch Steuersenkungen ausländische Investitionen anziehen, andererseits sollten die kapitalexportierenden Länder diese tax incentives ihren Steuerpflichtigen (und nicht dem Steuerfiskus) zugutekommen lassen.

[114] Wegen der Einzelheiten der fiktiven Steueranrechnung (tax sparing credit; fictions credit), die erstmals von den USA international ins Spiel gebracht wurde, vgl. für die

5. *Maßnahmen gegen Minderbesteuerung*

Bereits in den deutschen DBA der Weimarer Zeit bildete die Vermeidung der sog. Minderbesteuerung[115] einen nicht unwichtigen Nebenzweck der Verträge. Der Terminus Minderbesteuerung umfaßt eine weite Skala von Tatbeständen unterschiedlicher Art, denen gemeinsam ist, daß die Besteuerung nicht so verwirklicht wird, wie es das Gesetzmäßigkeitsprinzip des Steuerrechts gebietet. Darunter fallen nicht nur strafbare Steuerverkürzungen, sondern auch nichtdeliktische Steuerumgehungen, ferner alle Fälle objektiv unrichtiger Steuerrechtsanwendung. Die deutschen Nachkriegsabkommen griffen die Frage der Minderbesteuerung wieder auf[116]. Einen besonderen Akzent erhielt das Problem im Bereich der deutsch-schweizerischen Steuerbeziehungen. Naturgemäß bildet jedes zwischenstaatliche Steuergefälle – ceteris paribus – einen nicht unerheblichen Anreiz zu vorteilhaften grenzüberschreitenden Wohnsitzverlagerungen und Wirtschaftstransaktionen. Deren steuerrechtliche Bewertung erfordert im Einzelfall sorgfältige Differenzierung, da es zwischen legalen und illegalen Maßnahmen der Steuerminimierung zu unterscheiden gilt. Ein verallgemeinerndes Unwerturteil, wie es in dem – oft gebrauchten, negativ besetzten – Wort ‚Steuerflucht' zum Ausdruck kommt, ist einer freiheitlichen Rechts- und Wirtschaftsordnung nicht angemessen. Diese Auffassung schließt es andererseits prinzipiell nicht aus, daß in Doppelbesteuerungsabkommen mit Niedrigsteuer-Ländern wirksame Vorkehrungen gegen die ungerechtfertigte Inanspruchnahme vertragsrechtlicher Steuervorteile getroffen werden. Das DBA-Schweiz 1971 versucht, auf der Linie des sog. Steueroasenberichts[117] der Bundesregierung, die Abkommenserleichterungen auf die

---

deutsche Vertragspraxis *H. Vogel*, Zur steuerlichen Behandlung ausländischer Einkünfte und Vermögensteile bei den Steuern vom Einkommen und Ertrag, StbJb 1962/63, S. 269, 314; *H. R. Denkl*, Die fiktive Steueranrechnung nach den deutschen Doppelbesteuerungsabkommen mit Entwicklungsländern im Einkommen- und Körperschaftsteuerrecht, RIW 1979, S. 321ff.

[115] Da die Steuerhoheitsträger an vollständiger Erfüllung der Steuerpflichtigen vital interessiert sind, nimmt es nicht wunder, daß es bereits vor der Epoche der modernen DBA zu einer Reihe zwischenstaatlicher Amts- und Vollstreckungshilfeabkommen kam, deren Hauptzweck die Vermeidung der Minderbesteuerung war, siehe auch *O. Bühler*, Prinzipien des IStR, 1964, S. 169.

[116] So bereits das DBA-USA 1954, vgl. Art. XVI.

[117] Zur tatsächlichen und rechtlichen Problematik der Steueroasen (z.B. Liechtenstein, Schweiz, Luxemburg, Niederländische Antillen, Cayman-Inseln) siehe die Hinweise bei *K. Vogel*, Gebrauch und Mißbrauch von Steueroasen, IWB Nr. 17 (1980), S. 555ff.

Fälle zu begrenzen, in denen die Besteuerung in beiden Staaten als diskriminierende Belastung zu beurteilen wäre[118].

6. *Internationale Amtshilfe in Steuersachen*

In engem Zusammenhang mit den vorgenannten Haupt- und Nebenzwecken[119] der DBA steht das Institut der internationalen steuerlichen Amtshilfe. Bereits in der Frühzeit moderner Steuerverträge hatte man erkannt, daß die volle Aktualisierung der Abkommenszwecke eine wirksame bilaterale Amtshilfe[120] erfordere. Freilich sah man auch damals schon, daß der zwischenstaatliche Informationsaustausch dem Steuerpflichtigen, dessen Schutz die DBA primär dienen, als ein Danaergeschenk erscheinen kann[121]. Der Umfang der steuervertraglich geregelten zwischenstaatlichen Amtshilfe differiert von Land zu Land nicht selten erheblich. In den neueren DBA lassen sich zwei Hauptkategorien von

---

[118] Zur vertragsrechtlichen Begrenzung unangemessener Steuervorteile im einzelnen *Korn/Dietz/Debatin*, Doppelbesteuerung, Kommentar, DBA-Schweiz 1971, Einleitung, I. C. – Daß die enorme Belastung in den Hochsteuerländern die Steuermoral auf eine schwere Probe stellt, dürfte ohne weiteres einleuchten. Beiläufig sei erwähnt, daß vor Beginn des heutigen Hochsteuer-Zeitalters die Auffassung vertreten wurde, bereits eine Steuerbelastung von 15–16 v.H. des Volkseinkommens führe unausweichlich zu Kapital- und Steuerflucht, zum Ruin der Wirtschaft und letztlich zum Bankrott des Steuerfiskus, vgl. *Leroy-Beaulieu*, Traité de la science des finances, Paris 1899, S. 145.

[119] Weitere Funktionen der modernen deutschen DBA sind u.a. die Beseitigung von steuerlich bedingten Wettbewerbsverfälschungen (bezeichnenderweise handelt der zum Hintergrund der deutsch-schweizerischen Abkommensrevision gehörende sog. Oasenbericht der Bundesregierung, BT-Drucksache IV/2412, „über die Wettbewerbsverfälschungen, die sich aus Sitzverlagerungen und aus dem zwischenstaatlichen Steuergefälle ergeben"), ferner die Förderung des zwischenstaatlichen kulturellen Austauschs und, nicht zuletzt, die Verbesserung internationaler Rechtssicherheit für steuerrelevante Aktivitäten aller Art. Es handelt sich hier um die Schaffung von verläßlichen Dispositionsgrundlagen, wie sie bereits seit vielen Jahrhunderten für den internationalen Handel durch völkerrechtliche Handelsverträge (betreffend u.a. ungehinderten Schiffsverkehr, Ein- und Ausfuhr von fremden Waren, Niederlassung von Ausländern, Rechtsschutz für deren Person und Vermögen), in zunehmender Ausweitung entwickelt wurden, vgl. *U. Scheuner*, Zweiseitige Handelsverträge und multilaterale Handelsvereinbarungen, in: Die Friedenswarte, Bd. 52 (1953/55), S. 97, 100.

[120] Häufig war und ist von ‚Rechtshilfe' die Rede (vgl. etwa *H. Dorn*, Das Recht der internationalen Doppelbesteuerung, VJschrStFR 1927, S. 197, 213, 224) gemeint ist in diesen Fällen meist die Amtshilfe. Rechtshilfe ist nur die von Gerichten geleistete Amtshilfe, während Amtshilfe die Unterstützung ist, die eine Behörde einer anderen, von ihr unabhängigen Behörde auf deren Ersuchen zur Erfüllung ihrer Aufgaben leistet, wenn die ersuchende Behörde zu der betreffenden Handlung rechtlich oder tatsächlich nicht in der Lage ist.

[121] So bemerkt bereits *H. Dorn* (op. cit. 224), die „Rechtshilfe" sei „leider durch die Kapitalfluchtgesetzgebung dem Steuerpflichtigen unheimlich geworden".

Auskunftsklauseln unterscheiden je nachdem, ob die vereinbarte Auskunftserteilung nur der Durchführung des Abkommensrechts oder ob sie darüberhinausgehend der Durchführung des gesamten nationalen Steuerrechts dient[122]. Gegenüber Entwicklungsländern und Staatshandelsländern beschränkt sich die deutsche Vertragspraxis typischerweise auf den sog. kleinen Auskunftsverkehr; in diesen Fällen ist der zwischenstaatliche Informationsaustausch auf die Durchführung des DBA begrenzt[123]. Weitergehend, doch im Umfang bilateral verschieden, sind regelmäßig die Auskunftsklauseln der deutschen DBA mit Industrieländern; hier wird die zweiseitige Amtshilfe auch auf Fälle jenseits der bloßen Abkommensdurchführung erstreckt[124]. Eine spezifische Ausdehnung hat die Auskunftsklausel in den vom OECD-Modell beeinflußten DBA gefunden. In diesen Abkommen versprechen sich die Vertragsstaaten regelmäßig[125] den Austausch von Informationen nicht nur für die Durchführung des Vertrags, sondern auch für die Durchführung des innerstaatlichen Rechts hinsichtlich der unter den Vertrag fallenden Steuern[126]. Diese weitergehende vertragliche Auskunftsklausel[127] kann besondere verfassungsrechtliche Probleme aufwerfen, die in anderem Zusammenhang zu behandeln sind[128].

---

[122] Zu den Einzelheiten des sog. kleinen und großen Auskunftsverkehrs siehe *T. Menck*, Internationale Amthilfe in Steuersachen, DStZ/A 1971, S. 58, 60f.

[123] Der Durchführung des DBA dient z.B. die Aufklärung von Steuerrelevanten Sachverhalten, bei deren Vorliegen ein Vertragsstaat überhaupt nicht oder nur unter bestimmten Voraussetzungen oder nur der Höhe nach begrenzt besteuern darf.

[124] So schon das DBA-USA 1954, dessen Art. XVI vorsieht, daß „die zuständigen Behörden der Vertragsstaaten unter sich die Auskünfte austauschen (werden), die nach den Steuergesetzen der beiden Vertragsstaaten gefordert werden können und die notwendig sind für die Durchführung der Vorschriften dieses Abkommens oder für die Verhütung von Hinterziehungen u. dgl. bei Steuern, die unter dieses Abkommen fallen".

[125] Eine Ausnahme bildet insbesondere das DBA-Schweiz 1971: Art. 27 beschränkt den Austausch von Informationen auf den Zweck der richtigen Durchführung des DBA; darüberhinaus darf zur Durchsetzung nationaler Steueransprüche keine Auskunft beansprucht werden. Diese restriktive Vertragsgestaltung entspricht der schweizerischen Praxis im Verhältnis zu anderen DBA-Partnern.

[126] Siehe Art. 26 OECD-Musterabkommen 1963.

[127] Sie erfaßt nicht nur Fälle von Steuerhinterziehung, sondern sämtliche für das Steuerpflicht- und Steuerschuldverhältnis erheblichen Sachverhaltselemente einschließlich der einschlägigen Beziehungen zu Drittländern.

[128] Über Zusammenhänge zwischen der Zunahme internationaler Wirtschaftsbeziehungen und weltweiter unternehmerischer Aktivitäten einerseits und dem steigenden Bedürfnis nationaler Steuerverwaltungen nach transnationaler Sachverhaltsaufklärung andererseits vgl. *H.-P. Reuter*, Praktische Überlegungen zur internationalen Steuerauskunft, StbJb 1975/76, S. 419ff.

§ 5 Staats- und völkerrechtliche Grundsätze der DBA

Die internationalen Steuerabkommen bilden ein komplexes Normengeflecht in der Gemengelage von Völkerrecht und nationalem öffentlichen Recht. Ihr Verständnis im Ganzen und ihre richtige Anwendung im Einzelfall beruhen auf theoretischen und dogmatischen Grundlagen, deren leitende Prinzipien im folgenden kurz betrachtet werden sollen.

I. Souveränität der Staaten und transnationale Besteuerung

Der die Staatsgrenzen überschreitende Geltungsraum verpflichtender Normen des modernen Steuerrechts hängt grundlegend zusammen mit der äußeren (völkerrechtlichen) und inneren (verfassungsrechtlichen) Souveränität[129] des Staates. Eigentliches Zentrum der inneren Souveränität ist die Staatsgewalt, deren rechtliche Durchformung und Begrenzung im freiheitlichen Gemeinwesen Zweck der Verfassung ist.

1. Steuerhoheit als Element der Staatsgewalt

Wie die äußere Souveränität – verstanden als internationale Unabhängigkeit des Staates – nur eine relative, d.h. eine nur im Rahmen des Völkerrechts bestehende ist[130], so wird die innere Hoheitsmacht des

[129] Wort und Begriff der Souveränität gehen zurück auf *J. Bodin*, in dessen 1576 erschienenen „Six livres de la République", I, 1 (deutsche Ausgabe 1961) es heißt: „République est un droit gouvernement de plusieurs ménages, et de ce qui leur est commun, avec puissance souveraine"; die Souveränität ist „la puissance absolue et perpétuelle d'une République". – Zur vielschichtigen Problematik der Souveränität und zur Entwicklung des Souveränitätsbegriffs siehe insbesondere *H. Heller*, Die Souveränität, 1927; *F. A. v. d. Heydte*, Die Geburtsstunde des souveränen Staates, 1952; *H. Kelsen*, Das Problem der Souveränität und die Theorie des Völkerrechts, 1924; *C. Schmitt*, Politische Theorie. Vier Kapitel zur Lehre von der Souveränität, 1934; *W. v. Simson*, Die Souveränität im rechtlichen Verständnis der Gegenwart, 1965; *H. Quaritsch*, Staat und Souveränität, 1970.

[130] Dies gilt in besonderem Maße für den Staat des 20. Jahrhunderts, dessen Souveränität sich gegenüber den Sach- und Rechtslagen früherer Jahrhunderte wesentlich gewandelt hat, siehe auch *F. Ermacora*, Allgemeine Staatslehre, Erster Teilband, 1970, S. 358.

Staates als pouvoir constitué durch die – geschriebene oder ungeschriebene – Verfassung rechtlich fundiert und beschränkt. Zum Inhalt dieser Staatsgewalt gehört, wie seit Jahrhunderten in Theorie und Praxis grundsätzlich anerkannt ist, existenznotwendigerweise vor allem auch die Steuerhoheit des Staates[131] im Sinne der öffentlich-rechtlichen Macht, bestimmten Personen einseitig Geldleistungspflichten aufzuerlegen.

Der Verfassungsrechtsgehalt der – nach heutigem Verständnis als Einheit konstituierten – Staatsgewalt hat sich politisch-historisch aus den früher sogenannten Souveränitätsrechten entwickelt. Ausgangspunkt dieser juristischen Dogmengeschichte, die in den verschiedenen Staatsepochen wesentliche Wandlungen aufweist, ist die Staatslehre von *Jean Bodin*[132]. Nach dieser grundlegenden Doktrin gelten folgende „Rechte" als „jura majestatis" und als „vrayes marques de Souveraineté": das Recht der Gesetzgebung, das Recht über Krieg und Frieden, das Recht der höchsten Gerichtsbarkeit, das Begnadigungsrecht, das Recht der obersten Beamtenernennung, das Recht auf Treue und Gehorsam, das Münzrecht und – last not least – das Besteuerungsrecht. Auch *Thomas Hobbes*, für den der Inhaber der Staatsgewalt ein sterblicher Gott mit ius ad omnia ist, zählte die Steuerhoheit zu den Rechten, die mit der höchsten Gewalt wesenhaft verbunden sind[132a].

Dieses Besteuerungsrecht, das erst im umverteilenden Sozialstaat der Gegenwart durch die progressive Inanspruchnahme der Finanzgewalt sich zur potentiell freiheitsbedrohenden Hoheitsmacht entfaltet hat, durchlief eine jahrhundertelange Entwicklung, die hier im einzelnen nicht nachzuzeichnen ist. Nur einige markante Punkte mögen kurz angedeutet werden. Erst der Wandel vom ständischen Staat[133] zum

---

[131] Die Finanzhoheit ist auch aus völkerrechtlicher Sicht ein Bestandteil der Souveränität des Staates (nicht anders wie das Recht des Krieges und des Friedens, die Gleichheit der Staaten usw.).

[132] Über den Staatsrechtswissenschaftler Jean Bodin (1530–1596) und sein Werk vgl. insbesondere *R. J. Chauvire*, Bodin, auteur de la république, Paris 1914; *J. H. Franklin*, Jean Bodin and the Sixteenth-Century Revolution in the Methodology of Law and History, New York/London 1963; *M. Imboden*, Johannes Bodinus und die Souveränitätslehre, Basel 1963; *H. U. Scupin*, Der Begriff der Souveränität bei Johannes Althusius und bei Jean Bodin, in: Der Staat, Bd. 4 (1965), S. 1ff.

[132a] Siehe *T. Hobbes*, Leviathan, dt. Ausgabe 1969, S. 142ff. und passim. Über T. Hobbes (1588–1679) u.a. *R. Schnur*, Individualismus und Absolutismus. Zur politischen Theorie von Thomas Hobbes, 1963; *C. Schmitt*, Der Leviathan in der Staatslehre des Thomas Hobbes, 1938.

[133] Zur Verfassung des Ständestaates siehe etwa *G. v. Below*, Territorium und Stadt, 1923, 2. Aufl., S. 53ff.; *O. Brunner*, Land und Herrschaft, 1959, 4. Aufl., S. 394ff.; *F. Hartung*, Staatsbildende Kräfte der Neuzeit, 1961, S. 62ff.; *G. Oestreich*, Verfassungs-

modernen, monistisch strukturierten Gemeinwesen mit einheitlicher, unteilbarer, souveräner Staatsgewalt schuf die Grundlage[134] für ein einseitiges Besteuerungsrecht des „Souveräns". Die souveräne Macht der postfeudalen Staatsgewalt, deren Träger nicht mehr an die Zustimmung der „meliores et maiores terrae" gebunden waren, machte es möglich, Steuern einseitig und unwiderstehlich durch Gesetz aufzuerlegen, wodurch die Vermögenssphäre des Einzelnen dem Zugriff des Staates direkt ausgesetzt wurde[135]. Diese staatliche Steuerhoheit wurde in der Folgezeit dem „Souverän" in Kodifikationen und Konstitutionen auch ausdrücklich bestätigt. Im späten Absolutismus war es der Landesherr, der alle diejenigen, welche „für ihre Person, Vermögen oder Gewerbe den Schutz des Staates genießen", kraft seines Majestätsrechts mit Abgaben zu belegen befugt war[136]. Jenes Besteuerungsrecht begann sich im Zuge der großen revolutionären Umbrüche Ende des 18. Jahrhunderts vom Monarchen auf das Parlament zu verlagern[137]. Indessen vermochte sich, wie die deutsche Verfassungsentwicklung des Vormärz zeigt, die herkömmliche duale Struktur von pouvoir legislatif und pouvoir financier vorerst noch zu behaupten. Erst allmählich ging die separate Steuerhoheit in der einheitlichen Gesetzgebungskompetenz[137a] auf, was zu einer beträchtlichen Verstärkung der inneren Souveränität des Staates führte. Diese Entwicklung zu einer auch die Abgabenhoheit integrierenden[137b] einheitlichen Staatsgewalt gelangte in der Vorstellung einer Souveränität des Gesetzgebers zu ihrer – schon in der politischen Philosophie Rousseaus angelegten – gefährlichen Vollendung. Die darin liegende totalitäre Bedrohung von Einzelnen und Gruppen verlangte mit innerer Notwendigkeit nach rechtsstaatlicher[138] Bändigung der Staatsgewalt in all ihren

---

geschichte vom Ende des Mittelalters bis zum Ende des Alten Reiches, in: B. Gebhardt, Handbuch der Deutschen Geschichte, Bd. 2, 1955, 8. Aufl., S. 345ff.

[134] Dazu auch *E. W. Böckenförde*, Gesetz und gesetzgebende Gewalt. Von den Anfängen der deutschen Staatsrechtslehre bis zur Höhe des staatsrechtlichen Positivismus, 1958, S. 17ff.

[135] Ähnlich wie hier *E. W. Böckenförde*, op. cit. 56.

[136] Allgemeines Landrecht für die Preußischen Staaten von 1794 (ALR), II 13 § 15, II 14 § 2 (Textausgabe 1970, hg. v. Hattenhauer).

[137] Nach Art. 1 Nr. 3 der ‚Declaration des Droits de l'homme' von 1789 lag die Steuerhoheit bei der ‚Assemblée nationale'.

[137a] Theoretisch war dies schon im frühen 19. Jahrhundert von *G. W. F. Hegel* postuliert worden, vgl. seine Grundlinien der Philosophie des Rechts (ed. Hoffmeister, 4. Aufl. 1966), § 299, S. 259f.

[137b] Siehe auch *J. C. Bluntschli*, Allgemeines Staatsrecht, 1868, Bd. 2, S. 410.

[138] Insbesondere das Bonner Grundgesetz hat mit dem Gedanken der juristischen Omnipotenz des Gesetzgebers prinzipiell gebrochen. Zu den Grundfragen der Rechts-

Erscheinungsformen[139]; dies um so mehr, als der moderne demokratische Gesetzgeber nach historischer Erfahrung nicht durchgängig imstande ist, die Freiheit des Menschen wirksam zu schützen.

Die Steuergewalt als ein zentrales[140] Element der modernen Staatsgewalt ist, völkerrechtlich betrachtet, eine Erscheinungsform der Gebietshoheit. Indessen ist die rechtliche Ausübung dieser Finanzhoheit nicht in jeder Hinsicht an die Grenzen des Staatsgebiets gebunden.

2. *Völkerrechtliche Grenzen der staatlichen Steuerhoheit*

Kraft der Gebietshoheit[141] ist der souveräne Staat befugt, auf einem bestimmten Teil der Erdoberfläche zu herrschen, und zwar prinzipiell allein und ausschließlich nach innen und nach außen. Die dem territorialen Souverän zustehenden Akte des Herrschens können dem Bereich der Gesetzgebung, der Regierung, der Verwaltung und der Rechtsprechung angehören. Für die Frage der völkerrechtlichen Schranken nationaler Finanzgewalt[142] ist jeweils zu unterscheiden zwischen legislativen, gubernativen, administrativen und judikativen Äußerungen staatlicher Herrschaft.

Völkerrechtlich grundsätzlich unzulässig sind Regierungs- und Verwaltungsakte eines Staates auf dem Gebiet eines anderen Staates; durch

---

staatlichkeit vgl. *E. W. Böckenförde*, Entstehung und Wandel des Rechtsstaatsbegriffs, in: Festschrift für A. Arndt, 1969, S. 53ff.; *H. Schambeck*, Vom Sinnwandel des Rechtstaats, 1970; *U. Scheuner*, Die neuere Entwicklung des Rechtsstaats in Deutschland, in: Hundert Jahre deutsches Rechtsleben, Festschrift DJT, 1960, Bd. II, S. 229ff.; *R. Weber-Fas*, Rechtsstaat und Grundgesetz, 1977.

[139] Bereits die „Petition of Rights" von 1628, ein wichtiger erster Schritt auf dem Weg zu individuellen Freiheitsrechten, forderte für alle Engländer einen Schutz gegen eigenmächtige Belastung mit Steuern, vgl. *F. Hartung*, Die Entwicklung der Menschen- und Bürgerrechte von 1776 bis zur Gegenwart, 1972, 4. Aufl., S. 12.

[140] *P. Laband* (Direkte Reichssteuern. Ein Beitrag zum Staatsrecht des Deutschen Reiches, 1908, S. 46) bezeichnet die Finanzgewalt sogar als innersten Kern der Staatsgewalt, während sie *A. Hensel* (Der Finanzausgleich im Bundesstaat in seiner staatsrechtlichen Bedeutung, 1922, S. 15f.) nur als eine besondere Seite der allgemeinen Staatshoheit ansieht. Realitätsnäher erscheint die Bemerkung eines Finanzsoziologen, wonach „die finanzielle Forderung die erste Lebensregung des modernen Staates" ist; deshalb habe ‚Steuer' soviel mit ‚Staat' zu tun, daß der Ausdruck ‚Steuerstaat' beinahe ein Pleonasmus sei, vgl. *J. Schumpeter*, Die Krise des Steuerstaats, Graz 1918, S. 23.

[141] Siehe zu diesem Begriff *F. Giese*, Gebiet und Gebietshoheit, in: *Anschütz/Thoma* (Hg.), Handbuch des Deutschen Staatsrechts, 1. Bd., 1930, S. 225 mit zahlreichen Nachweisen; *W. Hamel*, Das Wesen des Staatsgebiets, 1933; *S. Bastid*, Le territoire dans le droit international contemporain, Paris 1954.

[142] Einführend zu dieser Problematik siehe *R. Weber-Fas*, Völkerrecht und Steuerhoheit, RIW 1979, S. 585ff.

derartige Handlungen wird, sofern der territoriale Souverän nicht zustimmt, die exklusive Gebietshoheit des anderen Staates verletzt. Von diesen verbotenen acts of sovereignty auf fremdem Territorium ist die Frage zu unterscheiden, ob ein Staat befugt ist, Sachverhalte und Vorgänge auf fremdem Staatsgebiet gesetzlich zu normieren und gerichtlich zu entscheiden. Hierzu vertrat die ältere anglo-amerikanische Lehre[143] die Auffassung, ein Staat dürfe nur solche Sachverhalte regeln, die sich auf seinem Territorium ereignen. Diese Doktrin vermochte sich freilich in der internationalen Rechtsgemeinschaft nicht durchzusetzen. Vielmehr ist allgemein anerkannt, daß die Staaten einen weiten – wenngleich keinen schrankenlos freien – Handlungsspielraum haben, in dessen Rahmen sie nach Völkerrecht befugt sind, Sachverhalte auf fremdem Territorium zum Gegenstand ihrer Gesetzgebung und Gerichtsbarkeit zu machen. Die Grundlinien der einschlägigen Abgrenzung hat der Ständige Internationale Gerichtshof im Lotus-Fall[144] folgendermaßen verdeutlicht: „... la limitation primordiale qu'impose le droit international à l'Etat est celle d'exclure – sauf l'existence d'une règle permissive contraire – tout exercice de sa puissance sur le territoire d'un autre Etat. Dans ce sens, la jurisdiction est certainement territoriale ... Mais il ne s'ensuit pas que le droit international défend à un Etat d'exercer, dans son propre territoire, sa jurisdiction dans toute affaire où il s'agit de faits qui se sont passés à l'étranger ... Loin de défendre d'une manière générale aux États d'étendre leurs lois et leur jurisdiction à des personnes, des biens et des actes hors du territoire, il (sc. das Völkerrecht) leur laisse, à cet égard, une large liberté, qui n'est limitée que dans quelques cas par des règles prohibitives; pour les autres cas, chaque État reste libre a' adopter les principes qu'il juge les meilleurs et les plus convenables". Von dieser Freiheit, „d'étendre leurs lois et leur jurisdiction à des personnes, des biens et des actes hors du territoire", haben die Staaten insbesondere auf dem Gebiet des Steuerrechts durch transnational weitgespannte Normen der Abgabengesetzgebung in diesem Jahrhundert reichlich Gebrauch gemacht. Exemplarisch für fortgeschrittene Steuerstaaten ist auch in dieser Hinsicht die Bundesrepublik Deutschland. Sie erfaßt auf dem – insoweit typischen – Gebiet des Einkommensteuer-

[143] So noch im Lotus-Fall (1927) seitens Richter Lord Finlay in seiner dissenting opinion, siehe StIGH, Series A, No. 9, S. 57.

[144] Entscheidungen des StIGH, Series A, No. 10 (1927), S. 18f.

rechts[145] das gesamte Welteinkommen bestimmter Wirtschaftssubjekte dadurch, daß das deutsche Einkommensteuergesetz alle – inländischen und ausländischen – Personen, die im Inland einen Wohnsitz oder ihren gewöhnlichen Aufenthalt haben, mit allen ihren – inländischen und ausländischen – Einkünften der unbeschränkten deutschen Steuerpflicht unterwirft. Hat eine derartige mondiale Steuerpflicht des Gebietsansässigen[146] vor dem Völkerrecht Bestand? Wo liegen die Grenzen der Freiheit des nationalen Gesetzgebers? Welches sind die „règles prohibitives", die der StJGH zwar erwähnt, aber nicht näher bestimmt?

Zunächst ist festzustellen, daß die von älteren Autoren[147] vertretene Doktrin einer strikten Territorialität der Staatsgewalt schon lange nicht mehr herrschender völkerrechtlicher Lehre und Judikatur entspricht, sondern eher dem Reich international-rechtlicher Mythen angehört. Diese im 17. und 18. Jahrhundert juristisch grundgelegten, staatsphilosophisch von *Hobbes* beeinflußten Theorien haben zwar über das 19. Jahrhundert[148] hinaus vereinzelt bis in die neuere rechtswissenschaftliche Diskussion nachgewirkt. Der Umschlag solcher Gedanken ins andere Extrem drückt sich in der Lehre aus, daß jede staatliche Rechtsnorm überall und immer gelte, sofern sie sich nicht selbst in räumlicher oder zeitlicher Hinsicht Grenzen setze[149]. Keine dieser sich schroff gegenüberstehenden rechtstheoretischen Positionen kann überzeugen. Im Völkerrecht der Gegenwart herrscht weder ein reines Territorialitätsprinzip im Sinne der älteren Lehre noch eine absolute transterritoriale

---

[145] Entsprechend weite gesetzliche Tatbestände bestehen auch bei anderen Personensteuern wie z.B. bei der Körperschaftsteuer und Vermögensteuer.

[146] Für Nichtgebietsansässige besteht nach deutschem Recht die sog. beschränkte Steuerpflicht, die bestimmte inländische Steuerquellen erfaßt.

[147] Diese Theorien gehen insbesondere zurück auf die Lehren von *Joseph Story*, der seinerseits Grundgedanken von *Ulrik Huber* und *Emer de Vattel* aufgenommen und fortgeführt hat, vgl. *J. Story*, Commentaries on the conflict of laws, Boston 1834, chap. 1, § 7 und § 8. – Siehe auch *U. Huber*, De iure civitatis, 2. Aufl. 1684; *Chr. Wolff*, Jus gentium methodo scientifica pertractatum, 1764 (§§ 293ff.: Betonung der strikt territorialen Begrenzung der staatlichen Gesetzgebung im Sinne der „nec ultra-axiomata" U. Hubers); *E. de Vattel*, Le droit des Gens ou Principes de la Loi Naturelle, Leyden 1758, l. 1, ch. 9, § 213; (ähnlich wie Wolff, op. cit.); *G.-F. von Martens*, Précis du droit des gens moderne de l'Europe, 1788/Neudruck Paris 1864, Bd. 1, § 86 (Beschränkung der Gesetzeswirkungen auf das Staatsgebiet des Gesetzgebers).

[148] Siehe für die deutsche Seite etwa *K. S. Zachariae*, Vierzig Bücher vom Staate, 1841, Bd. 5, S. 270ff.

[149] So z.B. *H. Kelsen*, Allgemeine Staatslehre, 1925, S. 137; ähnlich auch *A. Merkl*, Allgemeines Verwaltungsrecht, 1927, S. 208.

Freiheit der staatlichen Hoheitsmacht. Vielmehr sind nach geltendem internationalen Recht folgende Kriterien von entscheidender Bedeutung.

Wie bereits angedeutet, ist es vorbehaltlich bestimmter Ausnahmeregeln[150] nach allgemeinem Völkerrecht verboten, daß ein Staat auf dem Gebiet eines anderen Staates Hoheitsakte (acta iure imperii) vornimmt[151]. Bezogen auf das Steuerrecht bedeutet dies, daß deutsche Verwaltungsakte auf fremdem Staatsgebiet, die der Ermittlung, Festsetzung und Durchsetzung deutscher Steueransprüche dienen, prinzipiell unzulässig sind[152]. Außerhalb dieser formell-territorialen Schranken eröffnet sich der nationalen Steuergewalt ein weites Feld zulässiger transnationaler Überwirkungen. Dies gilt namentlich für den Bereich der Rechtsetzung und Rechtsprechung. Legt man, wie es überwiegender völkerrechtlicher Lehre und Praxis entspricht, die Prinzipien des StIGH zum Lotus-Fall zugrunde, so folgt daraus im internationalen Raum eine weithin konkurrierende materielle Kompetenz der Staaten, inländische und ausländische Sachverhalte insbesondere ihrer Gesetzgebung zu unterwerfen. Diese Freiheit des Gesetzgebers, Sachverhalte mit Auslandsbeziehung zu normieren, ist freilich keine schrankenlose. Richtiger Ansicht nach ist die Erstreckung staatlicher Rechtsnormen auf solche extraterritoriale Sachverhalte, die keine hinreichende Anknüpfung (genuine link) zum normierenden Staat haben, nach allgemeinem Völkerrecht verboten[153] und, bezogen auf die Bundesrepublik, sogar verfassungswidrig (Art. 25 GG). Das zur Rechtsgültigkeit transnationaler Steuerrechtsnormen erforderliche „genuine link“ kann indessen für Fälle der unbeschränkten deutschen Einkommensteuerpflicht[154] bei Vorliegen einer Inlandsbeziehung in Gestalt eines inländischen Wohnsitzes oder des gewöhnlichen Aufenthalts im Inland ohne grundsätzliche Bedenken anerkannt werden. Die

---

[150] Dazu insbesondere *G. Dahm*, Völkerrecht I, 1958, S. 544.

[151] Siehe auch *F. Berber*, Lehrbuch des Völkerrechts, I, 1960, S. 298; *K. Neumeyer*, Internationales Verwaltungsrecht, 4. Bd., 1936, S. 494f.

[152] Ähnlich wie hier *K. Vogel*, Theorie und Praxis im Internationalen Steuerrecht, DStR 1968, S. 427ff.; zur weiteren steuerrechtlichen Konkretisierung dieses völkerrechtlichen Verbots vgl. *R. Weber-Fas*, Grundzüge des allgemeinen Steuerrechts der Bundesrepublik Deutschland, 1979, S. 63f.

[153] Näheres zu dieser Schranke bei *A. Verdross*, Völkerrecht, 5. Aufl. 1964, S. 319.

[154] Die Abkehr vom alten Territorialprinzip ist, auch in den Steuerrechtsordnungen anderer Staaten, besonders deutlich bei der modernen Einkommensteuer mit ihrer transnational-universalistischen Ausrichtung. Nur bei der beschränkten Steuerpflicht (sc. Besteuerung der Nicht-Gebietsansässigen) mit ihrer Erfassung inländischer Quellen zeigen sich noch gewisse Elemente des früheren territorialen Ansatzes, vgl. auch *K. Vogel*, Der räumliche Anwendungsbereich der Verwaltungsrechtsnorm, 1965, S. 114f.

extraterritoriale Anwendung des deutschen Einkommensteuerrechts[155] hat insoweit also vor dem Völkerrecht Bestand. Jede nationale Gesetzgebung, die den räumlichen Anwendungsbereich der Steuerrechtsnormen regelt, muß sich vor allem am völkerrechtlichen Prüfungsmaßstab des „genuine link" messen lassen. Eine schrankenlose Freiheit des staatlichen Gesetzgebers, Sachverhalte mit Auslandsbeziehung nach seinem Belieben zu normieren – eine Auffassung, die im neueren Steuerrechtsschrifttum immer noch Fürsprecher[156] findet – wird vom allgemeinen Völkerrecht nicht anerkannt[157].

3. *Rechtsanspruch auf Beseitigung der Doppelbesteuerung?*

Da ein „genuine link" gleichzeitig zu mehr als einem Staat bestehen kann, ergeben sich mit wachsender Internationalisierung des Sozial- und Wirtschaftslebens in steigendem Maße internationale Doppelbesteuerungen, die mit den allgemeinen Regeln des Völkerrechts im Einklang sind. In diesen Fällen völkerrechtskonformer[158] Doppelbesteuerung erscheint ein völkergewohnheitsrechtlicher Anspruch des Steuerpflichtigen bzw. seines Staates auf Beseitigung der Doppelbesteuerung schon aus rechtslogischen Gründen kaum vorstellbar. Ob bei völkerrechtswid-

---

[155] Analoge Anknüpfungspunkte für die unbeschränkte Steuerpflicht von Körperschaften (z.B. Kapitalgesellschaften) sind der Sitz und der Ort der Geschäftsleitung dieser Steuersubjekte.

[156] Siehe etwa *G. Croxatto*, Die Begrenzung der staatlichen Steuerhoheit durch internationales Gewohnheitsrecht, StuW 1964, Sp. 879ff.; *M. Chrétien*, A la recherche du droit international fiscal commun, Paris 1955, S. 9ff.; *F.G. Geyler*, Steuerliche Mehrfachbelastungen und ihre normative Abwehr, Bd. 1 (1931), S. 203; *A. Hensel*, Steuerrecht, 3. Aufl. (1933), S. 17.

[157] Im Ergebnis wie hier *W. Rudolf* (Über territoriale Grenzen der Steuergesetze, in: Festschrift für J. Bärmann, 1975, S. 769, 778f.), der – unter Absehung vom Prinzip des Rechtsmißbrauchs – mit Recht betont, wegen des völkerrechtlichen Erfordernisses einer hinreichenden Inlandsbeziehung sei z.B. ein Steuergesetz völkerrechtswidrig, das der deutschen Einkommensteuerpflicht alle Personen unterwerfen würde, deren Muttersprache deutsch sei oder die bis zu 500 km von der Bundesgrenze entfernt ihren Wohnsitz hätten oder die einer bestimmten politischen Anschauung anhingen. – Einen inländischen Anknüpfungspunkt für die Besteuerung extraterritorialer Sachverhalte fordern u.a. auch *G. Leibholz*, Das Verbot der Willkür und des Ermessensmißbrauchs im völkerrechtlichen Verkehr der Staaten, ZaöRV I (1929), 102f.; *W. Wengler*, Völkerrecht, Bd. 2 (1964), S. 944ff.

[158] Die nicht selten vorgetragene These, daß internationale Doppelbesteuerung von Völkerrechts wegen unzulässig ist, entspricht weder der Staatenpraxis noch der internationalen Rechtsüberzeugung, vielmehr einem juristischen Wunschdenken, so im Ergebnis auch *O. Bühler*, Internationales Steuerrecht rollt Völkerrechtsfragen auf, in: Festschrift für H. Jahrreiss, 1964, S. 33, 37.

riger Doppelbesteuerung ein derartiger internationalrechtlicher Anspruch anzuerkennen ist, mag hier dahingestellt bleiben, zumal derartige internationale Steuerübergriffe angesichts der oben dargelegten weitgehenden Freiheit der nationalen Steuergesetzgebung bei ihrer Wahl von Anknüpfungen für die inländische Steuerpflicht äußerst selten vorkommen. Bleibt noch die Frage, ob in den Fällen einer völkerrechtskonformen Doppelbesteuerung ein Beseitigungsanspruch nach nationalem Recht besteht.

Zunächst ist festzustellen, daß auch nach dem Verfassungsrecht[159] der Bundesrepublik – ebenso wie nach allgemeinem Völkerrecht – die moderne, transterritorial ausgreifende Steuergesetzgebung grundsätzlich zulässig ist. Ein allgemeines Doppelbesteuerungsverbot, mit Vorrang vor dem einfachen Gesetz, besteht also weder nach internationalem[160] noch nach nationalem Recht. Diese normative Lage muß freilich noch nicht implizieren, daß es dem Staat freigestellt ist, ob er dem Phänomen der internationalen Doppelbesteuerung durch geeignete – unilaterale oder bilaterale – Maßnahmen begegnen will oder nicht. So wäre es denkbar, den zwischenstaatlichen Ausgleich kollidierender Steuerhoheiten[161] als eine verfassungsrechtliche Staatsaufgabe der Bundesrepublik Deutschland anzusehen oder gar ein entsprechendes subjektiv-öffentliches Recht anzuerkennen.

Hintergrund dieser rechtsdogmatischen Frage ist die theoretische Problematik der Selbstisolation des Staates im Gegensatz zu einer Hal-

---

[159] Zur Widerlegung der vereinzelt vorgebrachten Gegenargumente siehe *K. Vogel*, Der räumliche Anwendungsbereich der Verwaltungsrechtsnorm, S. 146f., 354f.

[160] Daß ein solches Verbot völkerrechtlich nur durch internationalen Vertrag geschaffen werden kann, konstatierte bereits *J. Hatschek*, Deutsches und Preußisches Staatsrecht, 2. Bd., S. 413.

[161] Der im Text wiederholt gebrauchte Ausdruck „Steuerhoheit“ ist natürlich nicht so zu verstehen, als habe der moderne Staat, gleich seinem historischen Vorläufer, bestimmte „Hoheitsrechte“ (iura maiestatis; iura regalia). Im Vorstehenden ist mehrfach explizit betont worden, daß wir es heute mit einer einheitlichen, integrierten, durch Völkerrecht und Verfassungsrecht begrenzten Staatsgewalt zu tun haben. Ich verstehe das gewisse Unbehagen namentlich von *Klaus Vogel* (Die Grenzen der Steuerhoheit im Bereich der Erbschaft- und Vermögensteuern, in: Cahiers de Droit Fiscal International, Vol. LIII, Bd. II, 1968, S. 143, 145) gegenüber einem Terminus wie „Steuerhoheit“. Die – cum grano salis aufzufassende – Beibehaltung dieser eingebürgerten Bezeichnung mag sich auf folgende Empfehlung berufen: „Das beste Wort ist das, was jedermann gleich versteht. Also sei man ja behutsam mit der Wegwerfung allgemein verstandener Wörter, und man werfe sie nicht deswegen weg, weil sie einen falschen Begriff von der Sache gäben!“ (*G. C. Lichtenberg*, Gedankenbücher, hg. von F. H. Mautner, 1967, S. 211). Auch das Wort „Doppelbesteuerungsabkommen“ ist ja nicht ganz korrekt, doch seit langem in Gebrauch und jedermann weiß, was gemeint ist.

tung der internationalen Öffnung und Kooperation. Eine Skizzierung dieser Grundpositionen dürfte dem Verständnis der heutigen Rechtslage förderlich sein[162]. Auf einen vereinfachenden Nenner gebracht, geht es um die widerstreitenden Archetypen des offenen und des geschlossenen Staates. Repräsentativ für die Alternative einer internationalen Öffnung des Staates ist das in der Philosophie der Aufklärung entwickelte, bis in die Gegenwart fortwirkende politische Denken einer „Weltrepublik". In deutlichem Unterschied zu vormodernen, namentlich antiken[163] Positionen werden hier kosmopolitische Ideen und Ideale formuliert, wie sie in dem Gedanken eines „Weltbürgerrechts" (ius cosmopoliticum) bei *Kant*[164] besonders klar und für das nachfolgende politische Denken[165] fruchtbringend zum Ausdruck gekommen sind. Dies zeigt sich deutlich in jenem wirtschaftspolitischen Internationalismus und Freihandelsgeist, der – im Widerspruch zu sonstigen nationalpolitischen Tendenzen jener Zeit – für das europäische 19. Jahrhundert wesentlich wurde[166]. In krassem Gegensatz zu dieser weltoffenen politischen Theorie und Staatenpraxis steht der – den Haupttendenzen jener Epoche schwerlich entsprechende, doch einen in Geschichte und Gegenwart potentiell stets

[162] Mit Recht sagt *G. Jellinek* (Gesetz und Verordnung, 1919, S. 189): „Immer klarer wird das Bewußtsein, daß oft bis in die kleinsten Einzelheiten herab die richtige Lösung staatsrechtlicher Fragen abhängt von der Erkenntnis, die man vom Wesen des Staates besitzt".

[163] Daß es in der griechischen Antike keine Freizügigkeit und keine völkerrechtliche Verkehrsfreiheit gab, betont u. a. *Grabowsky*, Der Zug der Freiheitsidee, S. 16; besonders ausgeprägt war der „geschlossene Staat" in Sparta: „Aller Kunstfleiß war aus Sparta verbannt, alle Wissenschaften wurden vernachlässigt, aller Handelsverkehr mit fremden Völkern verboten, alles Auswärtige wurde ausgeschlossen", so *Fried. Schiller*, Die Gesetzgebung des Lykurgus und Solon, in: Historische Schriften, hg. v. B. von Wiese, 1962, S. 350. – Zur politischen „Frage vom abgeschlossenen Verkehr" insbesondere bei den alten Ägyptern, Persern und Mexikanern vgl. auch *J. Burckhardt*, Weltgeschichtliche Betrachtungen, ed. Stadelmann, 1949, S. 118.

[164] Siehe *I. Kant*, Die Metaphysik der Sitten (1797), in: Werke ed. Weischedel, IV, 2. Teil, § 62. – Zur Bedeutung der internationalen Zusammenarbeit im Denken der Aufklärung vgl. insbesondere *D. Schindler*, Gedanken zum Wiederaufbau des Völkerrechts, Festschrift für M. Huber, Zürich 1944, S. 99 ff.

[165] Hinzuweisen wäre beispielsweise auf *F. C. v. Savigny* („völkerrechtliche Gemeinschaft der miteinander verkehrenden Nationen", in: System des heutigen römischen Rechts, Bd. 8, 1849, S. 27) oder auf die Gedanken eines Rechts des zwischenstaatlichen Verkehrs und der internationalen Zuammenarbeit bei *R. v. Mohl*, Die Pflege der internationalen Gemeinschaft als Aufgabe des Völkerrechts, in: *ders.*, Staatsrecht, Völkerrecht und Politik, Bd. 1 (1860), S. 579 ff.

[166] Siehe dazu etwa *Bluntschli*, Lehre vom modernen Staat, 3. Bd., 1876, S. 77; *Ellsworth*, The international economy, 2. Aufl., New York 1958, S. 170 ff.; *Erler*, Grundprobleme des Internationalen Wirtschaftsrechts, 1956, S. 68 ff.; *Kulischer*, Allgemeine Wirtschaftsgeschichte des Mittelalters und der Neuzeit, 2. Bd., 1958, S. 495 ff.

vorhandenen Isolationismus auf den Begriff bringende – von *Fichte*[167] vorgelegte philosophische Entwurf eines „geschlossenen Handelsstaats". Nach dieser im Ergebnis sozialistisch-totalitären Theorie ist der Staat, um störende Einwirkungen von außen auf seine inneren gesellschaftspolitischen Verteilungsmaßnahmen auszuschließen, nach Belieben berechtigt, die internationale Freizügigkeit der Bürger und insbesondere den privaten Außenhandel zu verbieten[168]. Diese extremen außenwirtschaftspolitischen und völkerrechtlichen Vorstellungen, die weit über die Lehren des Merkantilismus[169] hinausgingen, jedoch erhebliche Gemeinsamkeiten aufweisen mit den Ideologien eines im 20. Jahrhundert aufgekommenen Autarkismus[170], dürften auf deutschem Boden in der Geburtsstunde des Bonner Grundgesetzes staatstheoretisch, wirtschaftsdogmatisch und verfassungspolitisch grundlegend überwunden gewesen sein. Die allgemeine internationale Lage nach dem Zweiten Weltkrieg führte – auch wenn man absieht von bestimmten utopischen Hoffnungen auf eine (inzwischen immer ferner gerückte) gesamtstaatliche Weltgemeinschaft – in wachsendem Maße zu theoretischen und praktischen Bemühungen um eine existentiell als notwendig empfundene und rechtlich zu sichernde zwischenstaatliche Kooperation vollkommen neuen Stils. Die Väter des Grundgesetzes hatten diese singuläre politische Lage[171] erkannt und sie haben ihr durch verfassungsgeschichtlich neuartige Normen Rechnung zu tragen versucht.

Die Entscheidung des Bonner Grundgesetzes gegen die politisch-geschichtlich obsolet gewordene Struktur des „geschlossenen" Staates

---

[167] Über J. G. Fichte (1762–1814) siehe insbesondere *H. Johnsen*, Das Staatsideal J. G. Fichtes, 1929; *H. Schelsky*, Theorie der Gemeinschaft nach Fichtes „Naturrecht" von 1796 (1935); *M. Weber*, Fichtes Sozialismus und sein Verhältnis zur Marxschen Doktrin, 1925; *W. Weischedel*, Der Aufbruch der Freiheit zur Gemeinschaft. Studien zur Philosophie des jungen Fichte, 1939; *W. Windelband*, Fichtes Idee des deutschen Staates, 2. Aufl., 1921.

[168] Allenfalls Gelehrten und Künstlern sollen Auslandsreisen erlaubt sein, vgl. *J. G. Fichte*, Der geschlossene Handelsstaat, 1800, ed. Medicus 1910, Werke, 3. Bd., Buch 1, Kap. 2; Buch 3, Kap. 6 und 7.

[169] Dort ging es nicht um den vollständigen Ausschluß, sondern nur um die politisch zweckmäßigste Lenkung der Außenwirtschaft, siehe auch *Heckscher*, Der Merkantilismus, 1932, 1. Bd., 304ff.; *W. Sombart*, Der moderne Kapitalismus, 1. Bd. 1916, S. 362ff.

[170] Wie er sich z. B. zeigt in überhöhten Schutzzöllen und unerträglichen Erschwerungen des zwischenstaatlichen Personen-, Waren-, Kapital- und Währungsverkehrs, vgl. zum ganzen *B. Laum*, Die geschlossene Wirtschaft, 1933; *F. Fried*, Autarkie, 1932.

[171] Daß nicht nur für Deutschland die Zeit des politisch, militärisch und wirtschaftlich selbstherrlichen, autarken Nationalstaats endgültig der Geschichte angehöre, wurde spätestens nach den tiefgreifenden Erschütterungen durch den 2. Weltkrieg erkannt, vgl. auch *W. Conze*, Die deutsche Nation, 1963, passim.

hat einen prägnanten Ausdruck in mehreren Verfassungsnormen gefunden. Die neue weltoffene, völkerrechtsfreundliche, gewandelt-souveräne Haltung wird einmal bezeugt von Art. 24 I GG; danach kann der Bund durch Gesetz Hoheitsrechte auf zwischenstaatliche Einrichtungen übertragen[172]. Diese außerordentliche staatsrechtliche Öffnung der Bundesrepublik ist eingebettet in wichtige Verfassungsentscheidungen zugunsten der Wirksamkeit des internationalen Rechts[173]. Die allgemeinen Regeln des Völkerrechts sind Bestandteil des Bundesrechts; sie gehen den Gesetzen vor und erzeugen Rechte und Pflichten unmittelbar für die Bewohner des Bundesgebiets (Art. 25 GG). Aus den genannten und anderen einschlägigen[174] Festlegungen des Grundgesetzes läßt sich die zusammenfassende Folgerung ziehen[175], daß die Verfassung der Bundesrepublik außen(rechts)politisch – ähnlich wie bei der Sozialstaatsentscheidung – einen namentlich für die Staatsorgane der Regierung und der Gesetzgebung geltenden Gestaltungsauftrag im Sinne einer „offenen" Staatlichkeit normiert hat. Diese nicht bloß als Ermächtigung, sondern als Verpflichtung zu verstehende Verfassungsentscheidung für friedlichen internationalen Ausgleich und für umfassende zwischenstaatliche Kooperation – gewonnen aus einer weiten Gesamtinterpretation insbesondere der Art. 24 bis 26 GG – hat, im Sinne der „dirigierenden"[176] Verfassungsbestimmungen, einen dauernden, durch kontinuierliche Staatstätigkeit zu vollziehenden Auftrag des Grundgesetzes zum Inhalt.

Für die auswärtige Steuerpolitik der Bundesrepublik ergibt sich aus dieser verfassungsrechtlichen Grundentscheidung die prinzipielle Verpflichtung von Regierung und Parlament, durch diplomatische Schritte, zwischenstaatliche Verhandlungen und gesetzgeberische Maßnahmen

---

[172] Der Sache nach handelt es sich nicht um „Hoheitsrechte" (siehe Fn. 161) und deren „Übertragung" (vgl. *H. Krüger*, Über die Herkunft der Gewalt der Staaten und der sogenannten supranationalen Organisationen, DÖV 1959, S. 721 ff.), sondern um eine neuartige „Integrationskompetenz" des einfachen Bundesgesetzgebers (siehe *W. Grewe*, Die auswärtige Gewalt der Bundesrepublik, VVDStRL 12, 1954, S. 129, 145).

[173] Darüber Näheres bei *Kraus*, Der deutsche Richter und das Völkerrecht, Festschrift für Laun, 1953, S. 223 ff.; *Jahrreiss*, Völkerrecht und Bonner Grundgesetz, Festschrift für Apelt, 1958, S. 159 ff.; *Mosler*, Das Völkerrecht in der Praxis der deutschen Gerichte, 1957.

[174] Hinzuweisen wäre insbesondere noch auf Art. 26 GG (Verbot der Vorbereitung eines Angriffskrieges und damit Selbstentäußerung der klassischen ius belli-Hoheit des Staates) und auf die Präambel des GG (sc. Wille, „in einem vereinten Europa dem Frieden der Welt dienen").

[175] Dazu sehr fundiert *K. Vogel*, Die Verfassungsentscheidung des Grundgesetzes für eine internationale Zusammenarbeit, 1964.

[176] Siehe auch *P. Lerche*, Übermaß und Verfassungsrecht, 1961, S. 61 ff.

kontinuierliche Anstrengungen zu unternehmen mit dem Ziel, die aus internationaler Doppelbesteuerung drohenden Hemmnisse der – dem Wohl der Menschen und dem Wachstum der Wirtschaft förderlichen – zwischenstaatlichen Freizügigkeit[177] von Personen, Dienstleistungen, Kapital und Waren[178] systematisch zu beseitigen oder mindestens zu mildern. Indessen handelt es sich bei diesem außersteuerrechtlichen Verfassungsprinzip lediglich um eine allgemeine Richtungsbestimmung für die Politik von Regierung und Parlament sowie, in schwächerem Maße, für die Rechtsanwendung von Finanzgerichten und Steuerbehörden. Der dem Willen des Grundgesetzes zu entnehmende objektive Gehalt der einschlägigen Normen enthält keine speziellen Verfassungsaufträge insbesondere für die diplomatischen und legislativen Funktionen der angesprochenen Staatsorgane[179]. Der Steuergesetzgeber behält erst recht im Bereich der internationalen Beziehungen seine ihm auch sonst von der Verfassung zugestandene Gestaltungsfreiheit. Nach allem fehlt, zumal es sich bei diesem Verfassungssatz um eine objektiv wirkende allgemeine Leitnorm handelt, in der Regel[180] eine Rechtsgrundlage für subjektive Ansprüche auf Regierungshandeln und gesetzgeberische Maßnahmen gegen Doppelbesteuerung im Einzelfall.

II. Begriff der Doppelbesteuerung und Struktur der DBA

Da die internationale Doppelbesteuerung nach allgemeinem Völkerrecht prinzipiell nicht unzulässig ist und eine einschlägige Verbotsnorm mit Vorrang vor landesrechtlichen Steuergesetzen auch in absehbarer Zukunft kaum zu erwarten steht[181], obliegt es dem Staat, seine entspre-

---

[177] Daß es „eine Forderung der staatlichen Natur (sei), Normen herzustellen, durch welche die Beziehungen des Staates zu den anderen (Staaten) geregelt werden", betonte bereits *G. Jellinek*, Die rechtliche Natur der Staatenverträge, Wien 1880, S. 45.

[178] Erinnert sei an eine Bemerkung von *R. W. Emerson* (Die Tagebücher, 1954, S. 190): „Wir schimpfen auf den Handel, aber der Welthistoriker wird in ihm die Grundlage der Freiheit erkennen".

[179] Ohne Bezug auf internationale Steuerbeziehungen grundsätzlich wie hier auch *U. Scheuner*, Staatszielbestimmungen, in: Festschrift für Forsthoff, 1972, S. 325, 335f.

[180] Angesichts der von Anfang an kontinuierlichen Aktivität von Bundesregierung und Bundestag auf dem Gebiet der Vermeidung internationaler Doppelbesteuerung kann hier der – in Fällen nachhaltiger Verletzung der verfassungsrechtlichen Staatsaufgabe eingreifende – verfassungsgerichtliche Rechtsschutz zur Sicherung des objektiven Verfassungsgebots unerörtert bleiben.

[181] Ein derartiges Völkergewohnheitsrecht würde nicht nur eine entsprechende Praxis der Staaten erfordern, sondern überdies auch eine mit dieser Staatenpraxis übereinstimmende Rechtsüberzeugung, vgl. *O. Kimminich*, Einführung in das Völkerrecht, 1975,

chende objektiv-verfassungsrechtliche Schutzfunktion in geeigneter Weise, insbesondere durch den Abschluß von internationalen DBA[182] zu erfüllen.

1. Rechtsbegriff der internationalen Doppelbesteuerung

Wie dargelegt[183] ist Hauptzweck der DBA die Vermeidung oder Milderung der zwischenstaatlichen Doppelbesteuerung. Diesem Ziel dienen, wie noch zu zeigen sein wird, bestimmte Abkommensnormen über die bilaterale Abgrenzung der transnationalen Besteuerungsansprüche der Vertragsstaaten. Die Kriterien der internationalen Doppelbesteuerung sind allerdings von den Abkommen selbst nicht definiert[184] worden. Dieser Mangel einer ausdrücklichen vertragsrechtlichen Begriffsbestimmung hat indessen für die praktische Rechtsanwendung der DBA keine Bedeutung. Denn im Einzelfall ist nicht zu fragen, ob eine internationale Doppelbesteuerung vorliegt. Vielmehr ist konkret zu prüfen, ob die entscheidungsrelevanten vertragsrechtlichen Tatbestände erfüllt sind oder nicht. Dies vorausgeschickt läßt sich die internationale[185] Doppelbesteuerung im Rechtssinne[186] etwa folgendermaßen definieren:

Zwischenstaatliche Doppelbesteuerung (Mehrfachbesteuerung)[187] liegt

---

S. 162f.; *M. Schweitzer*, Das Völkergewohnheitsrecht und seine Geltung für neu entstehende Staaten, 1969.

[182] Auch eine nachhaltige DBA-Aktivität der Staaten indiziert für sich allein noch kein entsprechendes Völkergewohnheitsrecht; eine solche Staatenpraxis ist zunächst nur die Folge eines fehlenden allgemeinen völkerrechtlichen Verbots der Doppelbesteuerung.

[183] Siehe § 4, III, 1 im Text.

[184] Auch enthalten die DBA keine Generalklausel, wonach im bilateralen Verhältnis eine Doppelbesteuerung unzulässig sei; ausnahmsweise kann sogar, wenn bei einem bestimmten Verhandlungsgegenstand eine Einigung nicht möglich war, die Doppelbesteuerung ausdrücklich aufrechterhalten bleiben (vgl. etwa DBA-Indien 1959, Art. VII: „Dividends paid by a company which is a resident of one of the territories to a resident of the other territory may be taxed in both territories".

[185] Von der zwischenstaatlichen ist die innerstaatliche Doppelbesteuerung zu unterscheiden; letztere kann in Bundesstaaten mit „steuersouveränen" Gliedstaaten besonders bedeutsam werden (Beispiele aus der Gegenwart: Kantone der Schweiz; Einzelstaaten der USA). Zu den gesetzlichen Maßnahmen gegen innerstaatliche Doppelbesteuerung im Norddeutschen Bund und im Kaiserreich siehe *P. Laband*, Art. Doppelbesteuerung, in: Wörterbuch des Deutschen Verwaltungsrechts, hg. von Stengel, 1. Bd., 1890, S. 287. – Zur Rechtslage unter der Weimarer Reichsverfassung, vgl. *F. Stier-Somlo*, Art. Doppelbesteuerung, in: Handwörterbuch der Rechtswissenschaft, hg. von Stier-Somlo/Elster, 2. Bd., 1927, S. 97f.

[186] Im Unterschied zur – oft sogenannten – wirtschaftlichen Doppelbesteuerung (Doppelbelastung).

[187] Siehe dazu insbesondere *H. Dorn*, Das Recht der internationalen Doppelbesteue-

vor, wenn mehrere souveräne Steuerhoheitsträger denselben Steuerpflichtigen wegen desselben Steuergegenstandes für denselben Zeitraum zu derselben (oder einer gleichartigen) Steuer heranziehen. Anders ausgedrückt handelt es sich bei der internationalen Doppelbesteuerung um eine – nach allgemeinem Völkerrecht grundsätzlich zulässige – Konkurrenz von Steuerrechtsnormen mehrerer Staaten bei auslandsbezogenen Sachverhalten mit Identität des Steuersubjekts, des Steuerobjekts, der Steuerperiode und der Steuerart (bzw. Egalität der Steuerart).

Steuersubjekt (Steurpflichtiger) ist – in der Terminologie des deutschen Steuerrechts[188] – jede Person, die kraft gesetzlicher Anordnung eine Steuer schuldet, für eine Steuer haftet, eine Steuer für Rechnung eines Dritten einzubehalten und abzuführen hat, eine Steuererklärung abzugeben hat, Sicherheit zu leisten hat, Bücher und Aufzeichnungen zu führen hat oder andere ihr durch die Steuergesetze auferlegte Verpflichtungen zu erfüllen hat. Die Steuerpflicht umfaßt also nicht nur die Steuerschuld, sondern darüberhinaus jede sonstige steuergesetzliche Obligation. Steuersubjektfähig sind natürliche und juristische Personen sowie andere vom Gesetz als Abgabenpflichtige herangezogene wirtschaftliche Einheiten.

Daß die internationalen DBA nicht lediglich die Doppelbesteuerung im Rechtssinne[189] zum Gegenstand haben, zeigt sich deutlich bei den neueren Vertragsnormen über Konzernunternehmen; hier wird von dem Erfordernis der Subjektidentität des Steuerbelasteten abgesehen. Für diese Fälle einer – nicht juristischen wohl aber wirtschaftlichen – „Doppelbesteuerung" (Doppelbelastung) international verbundener Gesellschaften hat das OECD-Modell 1963 eine Sonderregelung[190] empfohlen, die im Grundsatz Bestandteil zahlreicher DBA geworden ist.

Da der unmittelbare Regelungsgegenstand der DBA – vor dem Zielhintergrund der als Übel empfundenen internationalen Doppelbesteue-

---

rung, VJSchrStFR Bd. 1 (1927), S. 189ff. („Der Klang des Wortes ist geläufig, sein Inhalt aber nicht klar"); *A. Spitaler*, Das Doppelbesteuerungsproblem bei den direkten Steuern, 1936, S. 52ff.; *O. Bühler*, Prinzipien des Internationalen Steuerrechts, 1964, S. 32f.

[188] Siehe *R. Weber-Fas*, Grundzüge des allgemeinen Steuerrechts der Bundesrepublik Deutschland, 1979, S. 111f.

[189] Zum Erfordernis der Subjektidentität bei Doppelbesteuerungsabkommen, vgl. *H. Flick*, StuW 1960, Sp. 329ff.

[190] Art. 9 des OECD-Modells formuliert Kriterien – orientiert am Geschäftsgebaren zwischen unabhängigen Unternehmen – für Gewinnberichtigungen aus Binnentransaktionen zwischen international verflochtenen (rechtlich getrennten) Unternehmen, die der Steuerhoheit beider Vertragsstaaten unterliegen.

rung – die bilaterale Abgrenzung der Außensteuerrechtsnormen der Vertragsstaaten ist, kommt es für die Vertragsanwendung grundsätzlich nicht darauf an, ob im Einzelfall wirklich eine Doppelbesteuerung vorliegt. Die DBA richten sich typischerweise also nicht nur gegen die effektive, sondern auch gegen eine bloß virtuelle Doppelbesteuerung. Bei herkömmlicher Vertragsgestaltung[191] bedeutet dies, daß der vereinbarte Verzicht eines Vertragsstaats auf sein Besteuerungsrecht absolut[192] wirkt; wenn der andere Vertragsstaat von seinem Besteuerungsrecht keinen Gebrauch macht, so gewinnt der „zurückgetretene" Vertragsstaat seine frühere Rechtsposition nicht eo ipso zurück. Anders ist die Rechtslage, wenn ein DBA – im Interesse der Vermeidung von Steuerlücken – den „Heimfall" des Besteuerungsrechts ausdrücklich normiert[193].

2. *Funktion von Staatsangehörigkeit und Gebietsansässigkeit*

Das traditionelle „genuine link" der Staatsangehörigkeit diente auch dem deutschen[194] Steuergesetzgeber noch bis in das 20. Jahrhundert hinein als Anknüpfungspunkt für die unbeschränkte (weltweite) persönliche Steuerpflicht. Erst mit der Reformgesetzgebung des Jahres 1925 trat hier ein grundlegender Wandel ein. Das bisher maßgebende staatsrechtliche Kriterium trat zurück gegenüber einer mehr faktisch-wirtschaftlichen Konzeption der Gebietsbeziehung, wie sie vor allem im Wohnsitz einer Person zum Ausdruck kommt. Ähnliche Entwicklungen vollzogen sich in anderen Staaten, die von einer formal-rechtlichen Anknüpfung übergingen zu einer real-ökonomischen Anbindung der unbeschränkten subjektiven Steuerpflicht. Für natürliche Personen wurden folglich Wohnsitz und/oder ständiger Aufenthalt, für juristische Personen[195] dementsprechend Sitz oder Geschäftsleitungsort die ent-

---

[191] Siehe etwa BFH-Urteil vom 31. 7. 1974 – I R 27/73 – zum DBA-USA, in: HR-DBA II, S. 166, 169.

[192] Wenn z.B. ein DBA einem Vertragsstaat das Besteuerungsrecht für bestimmte Einkünfte zuordnet, so entscheidet sich allein nach dem nationalen Steuerrecht dieses Staates, ob und wie die Einkünfte tatsächlich besteuert werden; fehlt es in diesem Staat an einem einschlägigen Steuertatbestand, so entfällt insoweit die Besteuerung in diesem und in dem anderen Vertragsstaat.

[193] Dies ist z.B. in Art. 22 Abs. 4 des DBA-Schweiz 1971 geschehen: „. . . Besteuert dieser Staat nicht, so können diese Vermögenswerte in dem anderen Staat besteuert werden".

[194] Selbst ein finanzwirtschaftlich und steuerrechtlich so entwickelter Staat wie die USA verwendet auch gegenwärtig noch die Staatsangehörigkeit als (alternatives) Anknüpfungsmoment der world-wide-Steuerpflicht.

[195] Siehe auch *R. Weber-Fas*, Corporate Residence Rules for International Tax Juris-

scheidenden Kriterien[196]. Vergleichbare konzeptionelle Wandlungen[197] zeigen sich bei den vertragsrechtlichen Normen, die insbesondere den persönlichen Geltungsbereich der internationalen DBA bestimmen.

Dem Nationalitätsprinzip folgend beschränkten die deutschen DBA der ersten Entwicklungsphase den persönlichen Geltungsbereich der Verträge regelmäßig auf die Staatsangehörigen der Vertragspartner. Nur ausnahmsweise wurden, in Übereinstimmung mit der internationalen Staatenpraxis der Zeit bis zum Zweiten Weltkrieg, natürliche und juristische Personen, die im Gebiete eines der Vertragsstaaten ihre „residence" hatten, in den subjektiven Schutzbereich der DBA einbezogen[198]. Der hergebrachte Ansatz zeigt sich knapp und klar in einem frühen innerdeutschen DBA, wonach die Besteuerung mit direkten Staatssteuern nur durch den Staat erfolgen darf, welchem ein Steuerpflichtiger als Untertan angehört[199]. Es entsprach einer modernen steuerrechtstheoretischen, finanzwissenschaftlichen[200] und gesetzgebungspolitischen Grundtendenz, daß auch in der internationalen Steuervertragspraxis die Rolle der Staatsangehörigkeit mehr und mehr in den Hintergrund trat.

---

diction: A Study of American and German Law, in: 5 Harvard Journal on Legislation (1968), S. 175–251.

[196] Neben der unbeschränkten Einkommensteuerpflicht der gebietsansässigen Person mit ihren gesamten (inländischen und ausländischen) Einkünften verfügen, spätestens seit den ersten Jahrzehnten des 20. Jahrhunderts, die meisten Staaten über eine Art beschränkter Einkommensteuerpflicht. Dabei handelt es sich um eine vom Steuersubjekt gelöste objektsteuerartige Erfassung bestimmter, im Inland radizierter Steuergüter (wie etwa Grundbesitz, Betriebsstätten, Beteiligungen an Gewerbebetrieb, Arbeitsausübung, Kapitalvermögen). Derartige, von Staat zu Staat im einzelnen verschieden ausgestaltete beschränkte Steuerpflichten wurden normiert u.a. von Australien, Canada, Dänemark, Deutschland, England, Indien, Irland, Italien, Japan, Niederlande, Neuseeland, Norwegen, Österreich, Polen, Schweden, Schweiz, Südafrika, Tschechoslowakei und den USA.

[197] Zur schwindenden Bedeutung des Staatsangehörigkeitsprinzips im Steuerrecht der Gegenwart vgl. auch *F. Neumark*, Theorie und Praxis der modernen Einkommensbesteuerung, Bern 1947, S. 248.

[198] Zur Beschränkung des Geltungsbereichs der frühen deutschen DBA auf Staatsangehörige, auch ohne ausdrückliche Regelung, vgl. *E. Rennebaum/F. Zitzlaff*, Die deutschen Doppelbesteuerungsverträge mit Erläuterungen und einer Übersicht über die Rechtsprechung zur beschränkten Steuerpflicht, 1938, S. 4f., 97; *E. Becker*, Die Grundlagen der Einkommensteuer, 1940, S. 144, 194.

[199] Siehe Art. 1 des preußisch-sächsischen Staatsvertrags, v. 16. 4. 1869. Während die – diese Steuerabkommen überholenden – Doppelbesteuerungsgesetze von 1870 und 1909 auf den Wohnsitz abhoben, kehrte die deutsche Steuergesetzgebung der ersten Jahre nach dem Ende des Kaiserreichs wieder zum Staatsangehörigkeitsprinzip zurück, vgl. auch *G. Lippert*, Handbuch des Internationalen Finanzrechts, Wien 1928, S. 608.

[200] Für eine Ablösung der „rechtlichen Staatsangehörigkeit" als Grundlage der Steuerpflicht insbesondere auch *F. Neumark*, Grundsätze gerechter und ökonomisch rationaler Steuerpolitik, 1970, S. 86ff.

Dieser Wandel von der staatsrechtlichen Personalhoheit[201] zu steuerstaatlichen „residence rules“[202] tritt besonders ausgeprägt hervor in den vom OECD-Musterabkommen 1963 beeinflußten deutschen DBA. Die Funktion des Wohnsitzkriteriums wird – abgesehen von der vertraglichen Dialektik zwischen Wohnsitzstaat und Quellenstaat – in den neueren Abkommen vornehmlich unter folgenden Aspekten deutlich. Grundlegend für das Gefüge der Verträge und der in diesem Regelwerk normierten subjektiven Rechte ist die Klausel über den persönlichen Geltungsbereich. Danach gelten die modernen deutschen DBA für Personen, die in einem Vertragsstaat oder in beiden Vertragsstaaten ansässig sind[203]. Im Sinne der Abkommen ist eine Person in einem Vertragsstaat ansässig, wenn sie nach dem Recht dieses Staates dort – aufgrund ihres Wohnsitzes, ihres ständigen Aufenthalts, des Ortes ihrer Geschäftsleitung oder eines anderen ähnlichen Merkmals – unbeschränkt steuerpflichtig ist[204]. Wenn nach diesen Grundregeln eine natürliche Person in beiden Vertragsstaaten ansässig ist, so stellen die Abkommen weitere Kriterien zur Verfügung, um die für die Vertragsanwendung maßgebende Gebietsansässigkeit zu bestimmen[205].

3. Regelungsgehalt und technischer Aufbau der DBA

Internationale Doppelbesteuerung ergibt sich aus der Überschneidung nationaler Außensteuerrechtsnormen. Primäres Ziel der DBA war und

---

201 Zu historischen und rechtsdogmatischen Einzelheiten dieser steuerlichen Entwicklung siehe etwa *E. Herzfeld*, Probleme des internationalen Steuerrechts unter besonderer Berücksichtigung des Territorialproblems und des Qualifikationsproblems, in: VJSchrStFR 1932, S. 422, 426; *E. Isay*, Internationales Finanzrecht, 1934, S. 106f., 147; *W. Vocke*, Die Abgaben, die Auflagen und die Steuer vom Standpunkt der Geschichte und der Sittlichkeit, 1887, S. 291, 498; *W. Wengler*, Beiträge zum Problem der internationalen Doppelbesteuerung, 1935, S. 14, 17.

202 Das Wohnsitzprinzip ist nach *G. Schanz* (Zur Frage der Steuerpflicht, FinArch. 9, 1892, 2. Bd. S. 1, 4ff.) eine von vier möglichen Anknüpfungsmodalitäten. – Zur neueren Abschwächung des herkömmlichen Prinzips der „allégeance politique“ (versus: allégeance économique) vgl. ferner *P. Guggenheim*, L'imposition des successions en droit international et le problème de la double imposition, Genf 1928, S. 42.

203 Siehe etwa Art. 1 DBA-Schweiz 1971.

204 Vgl. Art. 4 OECD-Modell 1963 und Art. 4 DBA-Schweiz 1971.

205 Der „Wohnsitzstaat“ bestimmt sich bei doppelter Ansässigkeit insbesondere nach den Merkmalen der „ständigen Wohnstätte“ oder des „Mittelpunkts der Lebensinteressen“ oder des „gewöhnlichen Aufenthalts“ oder schließlich – wenn die vorgenannten Kriterien keine Entscheidung ermöglichen – nach der Staatsangehörigkeit; ist die betreffende Person Doppelstaatler oder staatenlos (in Bezug auf die Vertragsstaaten), so wird die Frage im bilateralen Einvernehmen geregelt, vgl. Art. 4 Abs. 2 DBA-Schweiz 1971.

ist es, die Mehrfachbelastung des Steuerpflichtigen aus dieser Normenkonkurrenz zu beseitigen oder wenigstens zu mildern. Hierzu bedarf es eines – staatsvertraglich festzulegenden, den bilateralen Beziehungen der Partnerstaaten Rechnung tragenden – Ausgleichs[206] zwischen den kollidierenden nationalen Steuerrechtsordnungen. Dabei verdienen drei verschiedene Erscheinungsformen der internationalen Doppelbesteuerung besondere Beachtung: Konkurrenz von unbeschränkter und beschränkter Steuerpflicht[207] einerseits, Konkurrenz mehrerer unbeschränkter Steuerpflichtigen[208] andererseits und schließlich Konkurrenz mehrerer beschränkter Steuerpflichten[209]. Im Vordergrund der Abkommenspraxis steht – nach Tradition und finanzwirtschaftlichem Gewicht – die zwischenstaatliche Abgrenzung von transterritorialer Wohnsitzstaatbesteuerung und „territorialer" Quellenstaatbesteuerung. Dieser exemplarische Konflikt zwischen unbeschränkter Steuerpflicht der Gebietsansässigen (Steuerinländer) einerseits und beschränkter Steuerpflicht der Nichtgebietsansässigen (Steuerausländer) andererseits bestimmt auch die vertragstechnische Struktur namentlich der am OECD-Modell orientierten deutschen DBA. Das Normensystem dieser Verträge basiert auf der Unterscheidung und dem abkommenstechnischen Wechselbezug von Wohnsitzstaat und Quellenstaat. Um diese „Dialektik" auch in Fällen eines doppelten Wohnsitzes[210] in den Vertragsstaaten funktionsfähig zu halten, erhält nach dem DBA einer der beiden Staaten den Vorrang als maßgebender Wohnsitzstaat; damit ist der „zurücktretende" Wohnsitzstaat in die Rolle des Quellenstaats verwiesen, so daß sich wieder die wechselbezügliche Wirkungsweise der auf Wohnsitzstaat und Quellenstaat zugeschnittenen Abkommensnormen entfalten kann. Der

---

[206] Über Grundlinien der deutschen Außensteuerrechtspolitik nach dem 2. Weltkrieg siehe *W. Mersmann*, Die Ausgleichung und Harmonisierung der Steuersysteme, StbJb 1959/60, S. 35ff.

[207] Beispiel: Der Wohnsitzstaat besteuert ausländische Einkünfte eines Steuerpflichtigen, die der Quellenstaat als inländische Einkünfte seiner Steuer unterwirft.

[208] Beispiel: Zwei Staaten besteuern denselben Steuerpflichtigen mit seinem Welteinkommen, weil dieser in beiden Staaten einen Wohnsitz hat oder weil der eine Staat seine unbeschränkte Steuerpflicht an den Wohnsitz, der andere Staat seine weltweite Besteuerung an die Staatsangehörigkeit anknüpft.

[209] Diese – relativ seltenen – Fälle des Konflikts der Quellenbesteuerung zweier Staaten unterfallen nicht den DBA, da diese grundsätzlich von der Wohnsitzstaat-Quellenstaat-Antithetik ausgehen.

[210] Diese Fälle mehren sich mit wachsender internationaler Wirtschafts- und Sozialverflechtung, nicht zuletzt infolge der Freizügigkeit von Fach- und Führungskräften im Bereich der Außenwirtschaft.

äußere Aufbau der neueren deutschen DBA bietet typischerweise folgendes Bild.

Eine zentrale, auch quantitativ besonders gewichtige[211] Normengruppe dient der vertragsrechtlichen Eingrenzung der Besteuerungsansprüche des Quellenstaats. Dabei bewegt sich der Verhandlungsspielraum der Unterhändler im Rahmen folgender alternativer Lösungsmöglichkeiten: Die Besteuerung im Quellenstaat wird entweder vollständig aufgehoben oder sie wird vollständig aufrechterhalten oder sie wird vertraglich eingeschränkt[212]. Eine vollständige Aufhebung der Quellenstaatbesteuerung ist nach dem OECD-Modell nicht nur für bestimmte Fälle expressis verbis[213] geregelt, sondern auch durch die – den Wohnsitzstaat privilegierende – umfassende Auffangklausel[214] vorgesehen. Eine gänzliche Aufrechterhaltung der Besteuerung im Quellenstaat ist typischerweise die Folge eines besonderen Nexus des konkreten Steuerguts mit dem jeweiligen Territorium, wie er etwa im Belegenheitsprinzip zum Ausdruck kommt. Demgemäß bleibt die Besteuerung des unbeweglichen Vermögens[215] und der Erträge daraus dem Staat vorbehalten, auf dessen Gebiet dieses Vermögen liegt. Im Falle der vertragsrechtlichen Einschränkung der Quellenstaatbesteuerung ist zu unterscheiden zwischen Normen, die bei der Besteuerungsgrundlage und solchen, die bei der Steuerhöhe ansetzen. Vertragliche Restriktionen der erstgenannten Art finden sich insbesondere im Bereich der Unternehmensgewinne[216] und der Arbeitseinkünfte[217]. Die abkommensrechtliche Absenkung der

[211] Siehe z.B. das OECD-Musterabkommen 1963 zur Vermeidung der Doppelbesteuerung des Einkommens und des Vermögens: von den insgesamt 30 Artikeln befassen sich nicht weniger als 17 (Art. 6 bis 22) mit diesen Regelungsgegenständen.

[212] Im Falle der Einschränkung der Besteuerung im Quellenstaat ist wieder zu unterscheiden, ob die Einschränkung bei der Besteuerungsgrundlage einsetzt oder ob die Steuerhöhe limitiert wird.

[213] So z.B. für Ruhegehälter, Art. 18 OECD-Modell 1963.

[214] Danach können die in anderen DBA-Artikeln nicht ausdrücklich genannten Einkünfte einer in einem Vertragsstaat ansässigen Person nur in diesem Staat besteuert werden, vgl. Art. 21 OECD-Modell 1963.

[215] Siehe z.B. die Aufrechterhaltung der Quellenstaatsbesteuerung für Einkünfte aus unbeweglichem Vermögen gem. Art. 6 OECD-Modell 1963.

[216] Einschränkend wirkt hier das Betriebsstättenprinzip. Danach darf der Quellenstaat Gewinne eines Unternehmens des anderen Vertragsstaats nur unter der Voraussetzung besteuern, daß das Unternehmen seine Tätigkeit im Quellenstaat durch eine dort gelegene Betriebsstätte ausübt, vgl. Art. 7 Abs. 1 OECD-Modell 1963.

[217] Die Besteuerungsgrundlage wird einmal durch das sog. Arbeitsortprinzip eingegrenzt: nur der Staat soll besteuern dürfen, in dem die Arbeit ausgeübt wird (Art. 15 I OECD-Modell). Zum andern kann für selbständige Arbeit die Quellenstaatsbesteuerung

Steuerhöhe im Quellenstaat spielt eine wichtige Rolle bei der Besteuerung von Dividenden[218], Zinsen[219] und Lizenzgebühren[220]. Dieser Komplex bereitet bei den Vertragsverhandlungen namentlich zwischen Industrie- und Entwicklungsländern oft erhebliche Schwierigkeiten; hier geht es um einen abgewogenen bilateralen Ausgleich zwischen widerstreitenden nationalökonomischen, finanzpolitischen und einzelwirtschaftlichen Interessen. Soweit die Besteuerung im Quellenstaat nach den einschlägigen Vertragsnormen nicht beseitigt wird, bedarf es einer bilateralen Regelung der Frage, in welcher Form der Wohnsitzstaat den jeweiligen Doppelbesteuerungskonflikt löst. Diesem Zweck, die „Methoden zur Vermeidung der Doppelbesteuerung"[221] im konkreten zwischenstaatlichen Verhältnis festzulegen, dient ein besonderer Komplex von vertraglichen Regeln, die in den neueren Abkommen in einem mehr oder weniger umfangreichen separaten Artikel[222] zusammengefaßt sind. In den Fällen, in denen nach dem DBA die Quellenstaatbesteuerung voll oder eingeschränkt bestehen bleibt, bieten sich für den Wohnsitzstaat als Techniken der Doppelbesteuerungsvermeidung die beiden Grundformen[223] der Steuerbefreiung oder der Steueranrechnung an. Je nach der bilateralen Entscheidung[224] der Vertragsparteien bleibt für die Belastung des Steuerpflichtigen das Steuerniveau des Wohnsitzstaates

---

einschränkend an das Vohandensein einer „festen Einrichtung" geknüpft sein (Art. 14 I OECD-Modell).

[218] Art. 10 OECD-Modell 1963.

[219] Art. 11 OECD-Modell 1963.

[220] Der DBA-spezifische Terminus „Lizenzgebühren", der insbesondere auch Vergütungen für den in neuerer Zeit zunehmend wichtiger werdenden internationalen Technologie-Transfer umfaßt, wird in Art. 12 II OECD-Modell näher definiert. Die dort (Abs. I) empfohlene vollständige Reduzierung der Quellenstaatsbesteuerung vermochte sich in der Staatenpraxis freilich nicht durchzusetzen.

[221] So die Überschrift zu Abschnitt V des OECD-Modells 1963.

[222] Siehe Art. 23 A und B des OECD-Modells 1963.

[223] Die „Freistellungsmethode" und die „Anrechnungsmethode" sind, abgesehen vom internationalen Steuervertragsrecht, auch grundsätzliche Alternativen für den Gesetzgeber des nationalen Außensteuerrechts. Wegen der Einzelheiten vgl. insbesondere *H. Flick*, Methoden zur Ausschaltung der internationalen Doppelbesteuerung bei den direkten Steuern, FinArch N. F. 21 (1961), S. 86ff.; *W. Mersmann*, Internationale Doppelbesteuerung, in: HdFW, Bd. 4, 1965, S. 89, 95ff.; *A. Spitaler*, Die Fortschritte der internationalen Ausgleichung der Systeme der direkten Steuern seit 1939, StuW 1948, Sp. 7, 31ff.; *A. Philipp*, Befreiungssystem mit Progressionsvorbehalt und Anrechnungsverfahren, Wien 1971.

[224] Die Wahlfreiheit der Vertragsparteien verengt sich aus steuerlichen Sachzwängen (sc. Vermeidung von Steuerlücken) auf die Anrechnungsmethode in den Fällen, wo die Besteuerung im Quellenstaat der Höhe nach eingeschränkt wird.

(Anrechnungsmethode) oder das des Quellenstaates (Befreiungsmethode) bestimmend[225].

Die vorgenannten Normengruppen bilden – substantiell und strukturell – den zentralen Regelungsbereich namentlich der neueren, am OECD-Musterabkommen orientierten deutschen DBA. Diese Abkommensvorschriften werden typischerweise flankiert von einer Reihe wichtiger anderer Bestimmungen. Nach den Eingangsartikeln über den persönlichen[226] und sachlichen[227] Geltungsbereich des DBA folgen in der Regel Vorschriften, die grundlegende abkommensrechtliche Begriffe[228] definieren. Ziemlich am Schluß des Vertragswerkes finden sich meist jene, für die moderne Abkommenspraxis wichtigen „Besonderen Bestimmungen". Sie regeln vor allem Fragen des Diskriminierungsverbots[229], des Verständigungsverfahrens[230] und des zwischenstaatlichen Informationsaustausches[231].

III. Abgrenzung nationaler Steuerhoheiten im Spannungsfeld von Wohnsitzstaat und Quellenstaat

In der Staatenwelt herrscht weithin grundsätzlicher Konsens darüber, daß die zwischenstaatliche Doppelbesteuerung die internationalen Wirtschafts- und Sozialbeziehungen empfindlich stört. Nach allgemeiner Auffassung ist es daher notwendig, dem Übel der Doppelbesteuerung durch wirksame staatliche Maßnahmen, insbesondere durch internationale Abkommen zu begegnen. Diese grundsätzliche Einigkeit löst indessen noch nicht die konkreten Probleme, die dann hervortreten, wenn Staaten mit wesentlich divergierenden wirtschaftspolitischen und finanzpolitischen Interessen bilaterale Vertragsverhandlungen aufnehmen. Exemplarisch für die staatsvertraglich zu versöhnenden Spannungen zwischen Wohnsitzstaat und Quellenstaat ist das Verhältnis von Industrieländern und Entwicklungsländern. Ein abgewogener Ausgleich zwi-

[225] Bei DBA mit fiktiver Steueranrechnung ergibt sich eine Minderung der Steuerlast im Wohnsitzstaat.

[226] Art. 1 OECD-Modell 1963.

[227] Art. 2 OECD-Modell 1963.

[228] So z.B. die Ausdrücke „Vertragsstaat", „Person", „Gesellschaft", „Unternehmen eines Vertragsstaats" (Art. 3 OECD-Modell 1963) oder „eine in einem Vertragsstaat ansässige Person" (Art. 4 OECD-Modell 1963) oder „Betriebsstätte" (Art. 5 OECD-Modell 1963).

[229] Art. 24 OECD-Modell 1963.

[230] Art. 25 OECD-Modell 1963.

[231] Art. 26 OECD-Modell 1963.

schen nationalen Steuersystemen wird hier nicht selten durch widerstreitende Interessen, Doktrinen und Ideologien nachhaltig erschwert. Vor diesem allgemeinen Hintergrund, der durch Besonderheiten der bilateralen Beziehungen mannigfach nuanciert sein kann, stellt das Aushandeln eines fairen und tragfähigen DBA hohe Anforderungen an Sachverstand, Einfühlungsvermögen und Verhandlungskunst der Unterhändler. Eine rein dogmatische, von den finanzwirtschaftlichen und finanzwissenschaftlichen Grundlagen der Problematik gelöste Verhandlungsführung wäre der Sache nicht adäquat[232]. Eine bloß normative Betrachtungsweise würde die Dimensionen des Fragenkomplexes verkürzen[233]. Im folgenden sollen die in der bisherigen Entwicklung von Wissenschaft und Staatenpraxis wichtigsten Prinzipien für die bilaterale Abgrenzung nationaler Steuerhoheiten kurz beleuchtet werden.

1. Die offenen Grundfragen „richtiger" Zuordnung

Ausgangspunkt der anschließenden Überlegungen ist die Erkenntnis, daß weder allgemeine völkerrechtliche Grundsätze noch abstrakte philosophische Prinzipien brauchbare Ansätze bieten für die Lösung der einschlägigen Probleme im Widerstreit zwischen Wohnsitzstaatprinzip und Quellenstaatprinzip. Dem Völkergewohnheitsrecht, das ein prinzipielles Verbot transterritorialer Besteuerung und internationaler Doppelbesteuerung nicht kennt, sind zwischenstaatliche „Zuteilungsnormen" für die in Rede stehenden Steuergüter nicht zu entnehmen[234]. Auch der unmittelbare Rückgriff auf die Idee einer materialen Gerechtigkeit hilft im vorliegenden Zusammenhang[235] nicht weiter. Denn die Philosophen wissen allenfalls in sehr abstrakter und nicht subsumtionsfähiger

---

[232] Analoges gilt für die wissenschaftliche Analyse, so mit Recht *A. Spitaler*, Das Doppelbesteuerungsproblem bei den direkten Steuern, Reichenberg 1936, S. 140; überhaupt sollten, wie schon *A. Hensel* (Steuerrecht 2. Aufl. 1927, S. 2) zutreffend forderte, Finanzrecht und Finanzwissenschaft enge Fühlung halten.

[233] Grundsätzlich ähnlich wie hier *B. Simma*, Das Reziprozitätselement im Zustandekommen völkerrechtlicher Verträge, 1972, S. 38ff.

[234] Zu diesem Ergebnis kommt auch *K. Vogel*, Der räumliche Anwendungsbereich der Verwaltungsrechtsnorm, 1965, S. 352.

[235] Genau so wenig wie im innerstaatlichen Kontext der Finanzpolitik, wo es um die „richtige" Lastendistribution im Verhältnis zwischen den Steuersubjekten geht. Von dieser verteilungspolitischen Frage zu trennen sind die formell-rechtlichen Konkretisierungen einer Idee der Gerechtigkeit, die eine wesentliche Grundlage insbesondere des Steuerrechts im Rechtsstaat bilden. Über zentrale Probleme vgl. *R. Weber-Fas*, Rechtsstaat und Grundgesetz, 1977.

Form, was Gerechtigkeit und also auch Steuergerechtigkeit sei. An allgemein anerkannten obersten Maßstäben fehlt es sowohl für die innerstaatlich „gerechte" Zumessung der individuellen Steuerlast als auch für die zwischenstaatlich „gerechte" Ausgleichung der nationalen Steueransprüche. Die praktische Ratlosigkeit der Philosophie im Kontext dieser Fragen zeigt sich im Grunde schon an folgenden Beispielen[236].

Seit mythischen Zeiten gilt es als gerecht, Jedem das Seine zu gewähren. Doch diese Formel sagt nicht, was die Beteiligten als das Ihre denn eigentlich verlangen können. Der Suum cuique-Satz hilft also gesetzgebungs- und staatsvertragspolitisch nicht weiter, sondern er setzt als Maxime richterliche Rechtsanwendung inhaltlich eine Entscheidung des Gesetzgebers voraus. – Ebensowenig für die konkrete Vertragsrechtspolitik brauchbar ist das Konzept der sogenannten Bedürfnisgerechtigkeit. Hier sind zuvor – rein rational nicht ableitbare – Dezisionen über Erheblichkeit und Vorrang der jeweiligen Bedürfnisse erforderlich. – Auch die aristotelische Gerechtigkeitslehre ist nicht ohne weiteres praxisfähig. Nach diesem Ansatz wird die Gerechtigkeit gedacht als die geometrische Mitte zwischen zwei als Übeln angenommenen Extremen[237]; indessen werden die maßgebenden Extrempunkte von dieser Theorie nicht konkretisiert, sondern stillschweigend vorausgesetzt. – Wenig hilfreich ist im vorliegenden Zusammenhang sodann die Gerechtigkeitsmetaphysik Platons. Da dieses dialektische Denken die Gerechtigkeit an und für sich nicht zu erkennen vermag, bleibt es nur wenigen Begnadeten vorbehalten, den Höchstwert „Gerechtigkeit" zu erschauen; doch das so wahrgenommene Ideal entzieht sich begrifflicher Formulierung[238]. – Schließlich gibt auch das Naturrecht keine eindeutige Antwort auf unsere Frage nach der materialen Gerechtigkeit. Allzu unterschiedlich erscheinen die Fragestellungen, Denkmethoden und Resultate der Naturrechtler, gleichgültig, ob sie religiös oder rationalistisch fundiert sind. – Überhaupt dürfte es schwerlich gelingen, allgemein akzeptable Maßstäbe einer materialen Gerechtigkeit der nationalen Besteuerung und der internationalen Steuerausgleichung im Wege rein logischer Denkvorgänge zu entwickeln. Verläßt man den Bereich der formalen Ethik und des formellen Rechts, so machen sich die konkreten Konzeptionen der materialen Gerechtigkeit politisch geltend. Diese Postulate

[236] Zu weiteren philosophischen Aspekten der Steuergerechtigkeit siehe *R. Weber-Fas*, Grundzüge des allgemeinen Steuerrechts der Bundesrepublik Deutschland, 1979, S. 17ff.

[237] Siehe *Aristoteles*, Die nikomachische Ethik, Artemis-Ausgabe 1951/1967, S. 162.

[238] Vgl. *Platon*, Die Briefe, 1954, S. 64, 68.

aber beruhen letztlich auf vorjuristischen, werthaften Dezisionen, die rational nur begrenzt nachvollziehbar sind in einer Welt pluraler Werthaltungen und Realinteressen[239].

Vor diesem rechtlich-philosophischen Hintergrund sind in der neueren Entwicklung des Doppelbesteuerungsproblems verschiedene Theorien mit dem Anliegen hervorgetreten, einen angemessenen internationalen Ausgleich der konkurrierenden nationalen Steuerhoheiten zu fundieren. Die wichtigsten dieser prinzipiellen Ansätze seien im folgenden kurz skizziert.

In dem bis heute andauernden Disput um die „richtige" Zuordnung der Besteuerungsrechte im Verhältnis von Wohnsitzstaat und Quellenstaat scheint sich, von der Staatenpraxis her gesehen, das Wohnsitzstaatprinzip einstweilen durchgesetzt zu haben. Dies belegt insbesondere auch das OECD-Modell 1963 und der Grad seiner Rezeption beim Abschluß von DBA. Freilich ist damit der grundsätzliche Prinzipienstreit[240], wie namentlich die Bemühungen der UNO um einen für Entwicklungsländer attraktiveren DBA-Entwurf zeigen, noch keineswegs erledigt.

2. *Theorie der volkswirtschaftlichen Zugehörigkeit*

In fortschrittlicher Abkehr von der steuergesetzgeberischen Tradition einer Anknüpfung an die rechtlich-formelle Zugehörigkeit des Steuersubjekts zum Steuerhoheitsträger entwickelte sich die Theorie der volkswirtschaftlichen Zugehörigkeit als Grundlage der Steuerpflicht. Der hier geforderte besondere wirtschaftliche Nexus einer Person zu einem Staatsgebiet kann sich unmittelbar durch Merkmale wie Wohnsitz und gewöhnlichen Aufenthalt und mittelbar durch Gegebenheiten wie Situs des Vermögens und Ursprung der daraus zufließenden Erträge ausdrükken. Indessen löst die – von der Staatsangehörigkeit wegführende – Theorie der volkswirtschaftlichen Zugehörigkeit[241] im Falle ihrer juristi-

---

[239] Zu den grundsätzlichen Problemen siehe insbesondere *H. Kelsen*, Was ist Gerechtigkeit?, Wien 1953, S. 18, 40; *C. Perelman*, Über die Gerechtigkeit, 1967, S. 12, 133ff.; *Max Weber*, Soziologie, Universalgeschichtliche Analysen, Politik, 1964, S. 269, 328.

[240] Ein typisches Beispiel für die Frage, welchem Staat Vermögenserträge aus internationalen Investitionen primär zustehen sollen, bietet die Besteuerung der Dividenden: Soll Vorrang haben der Staat, in dem die Erträge erarbeitet werden (Quellenstaat; Ursprungsstaat) oder der Staat, in dem der Empfänger der Dividenden ansässig ist (Wohnsitzstaat)? Analoge Fragen stellen sich für Zinsen und Lizenzgebühren. Diese Probleme berühren neuralgische Punkte des internationalen Steuerausgleichs.

[241] Grundlegend herausgearbeitet von *G. Schanz* (Zur Frage der Steuerpflicht, FinArch,

schen Anwendung noch nicht den Doppelbesteuerungskonflikt zwischen Wohnsitzstaat und Quellenstaat, da dieselbe Person gleichzeitig mehreren Steuergewalten volkswirtschaftlich im Sinne der einschlägigen Kriterien verbunden sein kann. Daher ist, wenn der Wohnsitz des Einkommensbeziehers und die Quelle des Einkommens in verschiedenen Staatsgebieten liegen, eine Art internationaler Steuerteilung notwendig. Entsprechend den stärkeren wirtschaftlichen Komponenten, die in diesen Fällen für den Quellenstaat sprächen, solle, so die Theorie der volkswirtschaftlichen Zugehörigkeit, der Steueranteil des Quellenstaats denjenigen des Wohnsitzstaats überwiegen[242].

3. Die staatswirtschaftliche Doktrin

Jene Theorie der volkswirtschaftlichen Zugehörigkeit mit ihrem Resultat einer Teilung des Steuergutes zwischen den konfligierenden Steuerhoheitsträgern ist offen für Kritik, nicht zuletzt im Hinblick auf die vorgeschlagenen Teilungsgrundsätze. Die weitere Entwicklung der Frage wurde besonders deutlich auf der Ebene des Völkerbundes. Während noch die Arbeiten der wissenschaftlichen Experten ausgingen von der entscheidenden Bedeutung einer Anknüpfung nach der volkswirtschaftlichen Zugehörigkeit, führten die Ansätze der Regierungssachverständigen des Völkerbundes über jene Prinzipien wesentlich hinaus. Kern der neuen Sicht ist die These, daß eine volkswirtschaftliche Betrachtung allein nicht genüge, sondern daß Gesichtspunkte der staatswirtschaftlichen Zugehörigkeit grundsätzlich mitzuberücksichtigen seien. Dies solle insbesondere dann gelten, wenn die Kriterien der volkswirtschaftlichen Zugehörigkeit keine eindeutigen Konfliktlösungen ermöglichten oder wenn diese Lösungen staatswirtschaftlich unerträglich seien.

Grundlage dieser Theorie der staatswirtschaftlichen Zugehörigkeit[243]

---

9. Jg., 1892, 2. Bd., S. 1, 8ff.), dessen Gedanken u.a. auch das Gutachten der wissenschaftlichen Experten des Völkerbundes beeinflußt haben. Ausgangspunkt ist die Vorstellung, daß jeder, der durch wirtschaftliche Zugehörigkeit zu einer staatlichen Gemeinschaft Vorteile aus der Erfüllung der öffentlichen Aufgaben dieses Staates zieht, auch zu den Staatsausgaben durch Abgaben beitragen soll.

[242] Hiernach (*G. Schanz*, op. cit. S. 73) erscheint ein Verhältnis von dreiviertel (Quellenstaat) zu einviertel (Wohnsitzstaat) grundsätzlich angemessen.

[243] Vor allem vertreten von *H. Dorn*, Welche Grundsätze empfehlen sich für das internationale Vertragsrecht zur Vermeidung internationaler Doppelbesteuerung bei Einzelpersonen und Körperschaften, insbesondere bei gewerblichen Betrieben?, in: Verhandlungen des 33. Deutschen Juristentages, 1924, S. 495ff.

ist die Forderung, daß für die Abgrenzung der Steuerhoheiten, da die Besteuerung ein Wirtschaftsvorgang sei, prinzipiell wirtschaftliche Kriterien – der Volkswirtschaft und/oder der Staatswirtschaft – ausschlaggebend sein müßten[244]. Freilich sei nicht immer eindeutig, so räumt man ein, ob die direkte oder indirekte Wirtschaftszugehörigkeit den Vorrang eines bestimmten Staates begründe. In derartigen Zweifelsfällen müsse versucht werden, das Steuergut unter staatswirtschaftlichen Aspekten zwischenstaatlich zu „verteilen". Maßstab hierfür sei, in welchem Grade das konkrete Gut an die Steuerwirtschaft eines bestimmten Staates gebunden sei. Die steuerwirtschaftliche Bindung eines Gutes hinwiederum hänge insbesondere von der administrativen Kontrollierbarkeit des Gutes und der Erzwingbarkeit der Steuer ab. Innerhalb dieser Kriterien komme es darauf an, wie vollständig, wie einfach und wie billig Kontrollierbarkeit und Erzwingbarkeit jeweils seien. Die entscheidende Frage, welchem Staate im Kollisionsfall die Steuer oder ein Teil der Steuer zustehen solle, hänge im übrigen von der Beantwortung zweier Vorfragen ab. Zunächst komme es darauf an, welcher Staat wirtschaftlich der nächste sei zur Besteuerung eines bestimmten Gutes. Bei gleichnaher wirtschaftlicher Beziehung oder bei Zweifeln über den Grad der wirtschaftlichen Bindung sei zu fragen, welcher Staat durch den Verzicht in seiner Steuerwirtschaft am wenigsten beeinträchtigt werde.

4. Notwendigkeit der Weiterentwicklung

Die Theorie der staatswirtschaftlichen Zugehörigkeit basiert auf der fortgeschriebenen Lehre von der Maßgeblichkeit der volkswirtschaftlichen Zugehörigkeit. Diese hinwiederum geht von dem Axiom aus, daß nicht die Staatsangehörigkeit (allégeance politique), sondern die Wirtschaftszugehörigkeit (allégeance économique) das entscheidende Kriterium für die Anknüpfung der nationalen Steuerpflicht und für die Lösung internationaler Doppelbesteuerungskonflikte sei. Gesichtspunkte der Wirtschaftszugehörigkeit berechtigen den Wohnsitzstaat jedenfalls zur Erhebung einer Gesamteinkommensteuer oder Gesamtvermögensteuer[245]. Legitime Steueransprüche des Quellenstaats hinwie-

[244] Ungeeignete Kriterien der Abgrenzung seien insbesondere der Schutzgedanke (Anspruch des Staates, soweit er dem Steuersubjekt oder dem Steuergut Schutz gewährt) und der Opfergedanke (Besteuerung als gerechtes Opfer des Zensiten).

[245] Siehe *H. Dorn*, op. cit. (Fn. 243), S. 532, der mit Recht darauf hinweist, daß nur der

derum entstehen dann, wenn bestimmte Steuergüter einen stärkeren Nexus an die Volks- und Staatswirtschaft dieses Hoheitsträgers aufweisen[246]. Dabei ist bewegliches Kapitalvermögen[247] nicht eindeutig und einseitig zurechenbar, sodaß hinsichtlich der Erträge Gläubigerstaat wie Schuldnerstaat berechtigte Steuerinteressen geltend machen können.

Da der Konflikt zwischen Wohnsitzstaat und Quellenstaat in wichtigen Überschneidungsbereichen der nationalen Steuergewalten nicht durch eine rational zwingende wissenschaftliche Formel zu lösen ist, bleibt für die Staatenpraxis nur die konkrete Versöhnung[248] durch individuell ausgehandelten Steuervertrag. Einen allseits befriedigenden Ausgleich zu finden ist eine schwierige Kunst, weil der Vertrag im Schnittpunkt der Kollision von vitalen Interessen der beteiligten Einzelwirtschaften, Volkswirtschaften und Staatswirtschaften steht.

IV. Innerstaatliche Rechtsanwendung der deutschen DBA

Im folgenden geht es um grundsätzliche Aspekte der Rechtsnatur internationaler Steuerverträge[249] und um exemplarische Fragen der Vertragsanwendung im deutschen Steuerrecht.

1. Das DBA als völkerrechtlicher Vertrag und als Gesetz

Die zwischenstaatlichen DBA bilden einen zentralen, immer noch in dynamischer Entwicklung befindlichen Bereich des internationalen

---

Wohnsitzstaat es in der Hand hat, die unbeschränkte Steuerpflicht voll durchzuführen und notfalls zu erzwingen.

[246] Eine größere Bindung zum Staatsgebiet kann z.B. angenommen werden, wenn Feststellbarkeit und Erzwingbarkeit auch unabhängig vom Willen des Steuerpflichtigen gewährleistet sind wie etwa bei inländischem Grundbesitz, Gewerbebetrieb usw.

[247] Zu denken ist vor allem an Dividenden, Zinsen u. dgl., vgl. auch *H. Dorn*, op. cit. (Fn. 243) S. 534f.

[248] Dabei kommt es nicht zuletzt auf ein besonderes „Ethos der Gegenseitigkeit" an, siehe dazu *A. Gehlen*, Moral und Hypermoral. Eine pluralistische Ethik – 1970, S. 166, 51. – Zum Phänomen der ausgesprochenen Ich-Bezogenheit staatlichen Denkens und Wollens in auswärtigen Angelegenheiten einerseits und zum Problem der inhaltlichen Gegenseitigkeit der Verträge andererseits vgl. *B. Simma*, Das Reziprozitätselement im Zustandekommen völkerrechtlicher Verträge, 1972, S. 300, 67ff.
– Siehe zum Ganzen auch *W. A. Jöhr*, Der Kompromiß als Problem der Gesellschafts-, Wirtschafts- und Staatsethik, 1958.

[249] Von den Steuerverträgen (DBA; tax treaties) im Sinne des IStR sind zu unterscheiden die „Steuerabkommen" und „Steuerverträge" als veranlagungsersetzende zustimmungsbedürftige Verwaltungsakte i.S.d. schweizerischen Rechts, siehe dazu *Z. Giacometti*, Allgemeine Lehren des rechtsstaatlichen Verwaltungsrechts, Zürich 1960, S. 260f.

Steuerrechts. Dieses IStR ist ein Hauptgebiet des internationalen Finanzrechts, einer weit verzweigten in der Gegenwart zunehmend wichtiger werdenden Materie des internationalen öffentlichen Rechts[250]. Internationales Finanzrecht[251] wird hier in einem umfassenden Sinn verstanden als der Inbegriff aller Rechtsnormen, welche die internationalen Finanzbeziehungen regeln. Demgemäß können internationalfinanzrechtliche Normen ihre Quelle haben im eigentlichen Völkerrecht, im nationalen Außenrecht und im Eigenrecht internationaler oder supranationaler Organisationen.

Die deutschen DBA haben zugleich eine völkerrechtliche und eine staatsrechtliche Dimension. Internationale Steuerabkommen entfalten Rechtswirkungen auf zwei Ebenen: zwischenstaatlich als Vertrag und innerstaatlich als Gesetz.

a) Aus der Sicht des internationalen Rechts ist die DBA ein völkerrechtlicher Vertrag[252]. Die DBA bilden als völkerrechtliche Verträge – neben dem Völkergewohnheitsrecht und den allgemeinen Rechtsgrundsätzen – eine Quelle[253] des Völkerrechts[254], also des Bestandes jener Rechtsnormen, welche die Beziehungen zwischen den Staaten oder anderen Völkerrechtssubjekten regeln. Der völkerrechtliche Vertrag entsteht aus übereinstimmenden – auf die Begründung, Aufhebung oder Änderung internationaler Rechte und Pflichten gerichteten – Willenser-

[250] Zur systematischen Einordnung des „Doppelbesteuerungsrechts", vgl. auch *H. Dorn*, Internationales Finanzrecht und internationale Doppelbesteuerung, Dt. Jur. Ztg. 1924, S. 682.

[251] Außer dem IStR zählen zum Internationalen Finanzrecht u.a. folgende Materien: Zollrecht; Internationales Währungsrecht; Recht der zwischenstaatlichen Waren-, Kredit- und Zahlungsabkommen; Finanzverfassung der internationalen und supranationalen Organisationen; internationales Staatsschuldenrecht; finanzrechtliche Streitbeilegung und internationale Gerichtsbarkeit.

[252] Dies wird im völkerrechtlichen Schrifttum (soweit dort überhaupt, was allzu selten vorkommt, Fragen des IStR erörtert werden) nirgends bestritten und von der Rechtsprechung ohne weitere Begründung angenommen, vgl. etwa BFH-Urteil vom 30. 5. 1972, HR-DBA II, S. 63, 68.

[253] Gemäß Art. 38 Abs. 1 des Statuts des Internationalen Gerichtshofs sollen die obengenannten drei völkerrechtlichen Rechtsquellen bei der Streitentscheidung angewendet werden; Gerichtsurteile und rechtswissenschaftliche Lehrmeinungen sind dagegen nur als Hilfsmittel zur Feststellung von Normen des Völkerrechts heranzuziehen.

[254] Siehe die Gesamtdarstellungen insbesondere von *F. Berber*, Lehrbuch des Völkerrechts, 3 Bde., 2. Aufl. 1969/1977; *G. Dahm*, Völkerrecht, 3 Bde., 1958/1962; *F. A. von der Heydte*, Völkerrecht, 1975; *O. Kimminich*, Einführung in das Völkerrecht, 1975; *I. von Münch*, Völkerrecht in programmierter Form, 1971; *I. Seidl-Hohenveldern*, Völkerrecht, 3. Aufl. 1975; *A. Verdross/B. Simma*, Universelles Völkerrecht, 1976; *W. Wengler*, Völkerrecht, 2 Bde., 1964.

klärungen von Völkerrechtssubjekten. Zu den Völkerrechtssubjekten zählen in erster Linie die souveränen Staaten[255]; sie stehen als Träger völkerrechtlicher Pflichten und Rechte, insbesondere als Partner von DBA, im Vordergrund des völkerrechtlichen IStR.

Im Unterschied zu anderen Vertragskategorien ist der völkerrechtliche Vertrag kein bloßes Rechtsgeschäft, das zwischen den Parteien lediglich subjektive Rechte und Pflichten schafft. Im völkerrechtlichen Vertrag objektiviert sich zudem rechtssetzendes Handeln; der Vertrag ist Rechtsquelle und schafft Recht im objektiven Sinn. Diese objektivrechtliche Qualität des völkerrechtlichen Vertrags als law-making-treaty[256] kommt im Wesen des DBA exemplarisch zum Ausdruck. Freilich handelt es sich hier nicht um universelles Völkerrecht mit Geltung für alle Staaten der Welt, sondern um partikuläres Völkerrecht, das nur für die vertragschließenden Staaten und ihre Steuerpflichtigen gilt.

Fundament der verbindlichen Kraft des völkerrechtlichen Vertrags – als internationalen Rechtsgeschäfts wie als Quelle objektiven Rechts – ist das Prinzip „pacta sunt servanda". Dieser Grundsatz der „Heiligkeit der Verträge" liegt dem Vertragsrecht voraus und ist auch derogierendem Völkergewohnheitsrecht entzogen[257]. Nur deklaratorische Bedeutung hat daher die Aufnahme dieses Prinzips in die Wiener Vertragsrechtskonvention[258].

b) Das Zustandekommen eines völkerrechtlichen Vertrags basiert auf einem mehrschichtigen Verfahren, das teils dem Völkerrecht[259], teils dem

---

[255] Weitere Völkerrechtssubjekte sind u. a. der Heilige Stuhl und von Staaten gegründete völkerrechtsfähige internationale Organisationen, ferner auch Staatenverbindungen und Gliedstaaten von Bundesstaaten.

[256] In der älteren Völkerrechtslehre unterschied man zwischen rechtsetzenden Verträgen (law-making-treaties; traités-lois) und rechtsgeschäftlichen Verträgen (contract-treaties; traités-contrats). Später setzte sich die Auffassung durch, daß jeder völkerrechtliche Vertrag – im Verhältnis zwischen bestimmten Völkerrechtssubjekten – Recht schafft, vgl. auch *E. Kaufmann*, Das Wesen des Völkerrechts und die clausula rebus sic stantibus, 1911, S. 160ff.; *H. Kelsen*, Principles of international law, New York, 1952, S. 319f.

[257] Zur absoluten Geltung dieses Fundamentalprinzips, das unabhängig ist von Tendenzen der Staatenpraxis und das Geltungsgrund war schon für die ersten völkerrechtlichen Verträge, vgl. *A. Verdross*, Die Quellen des universellen Völkerrechts, 1973, S. 24.

[258] Zur Wiener Konvention über das Vertragsrecht von 1969, die für Verträge in Schriftform zwischen Staaten gilt, vgl. *H. Rumpf*, Die Wiener Konvention: Der Vertrag der Verträge, Außenpolitik 1971, S. 581ff.; *S. Verosta*, Die Vertragsrechts-Konferenz der Vereinten Nationen 1968/69 und die Wiener Konvention über das Recht der Verträge, ZaöRV, 1969, S. 654ff.

[259] Der Terminus „Völkerrecht" ist eigentlich unzutreffend, da die einschlägigen Normen nicht Beziehungen zwischen Völkern, sondern zwischen Staaten normieren. Streng genommen sind auch die entsprechenden Bezeichnungen in anderen Sprachen nicht

Landesrecht der Vertragsstaaten angehört. An und für sich kann ein völkerrechtlicher Vertrag – nach Beendigung der Verhandlungen und Paraphierung des Vertragstextes durch die Unterhändler[260] – mit der Unterzeichnung des Abkommens durch die bevollmächtigten Repräsentanten ohne weiteres in Kraft treten. Indessen sehen die Verfassungen vieler Staaten, insbesondere auch das Grundgesetz für die Bundesrepublik Deutschland, unter bestimmten Voraussetzungen eine rechtsnotwendige Beteiligung der parlamentarischen Körperschaften am Vertragsschluß vor.

Das dem deutschen Bundespräsidenten als Staatsoberhaupt völkerrechtlich zustehende und verfassungsrechtlich zugewiesene Recht[261], im Namen des Bundes die Verträge mit auswärtigen Staaten zu schließen[262], ist innerstaatlich durch Art. 59 Abs. 2 GG eingeschränkt. Nach dieser Verfassungsnorm bedürfen völkerrechtliche Verträge, welche die politischen Beziehungen des Bundes regeln oder sich auf Gegenstände der Bundesgesetzgebung beziehen, der Zustimmung oder der Mitwirkung der jeweils für die Bundesgesetzgebung zuständigen Körperschaften in der Form eines Bundesgesetzes. Diese Partizipation der gesetzgebenden Körperschaften an der völkerrechtlichen Vertragskompetenz dient nicht zuletzt der gewaltenteilenden Kontrolle[263] des Regierungshandelns im Bereich der Außenpolitik.

---

korrekt (wie z.B. droit des gens; law of nations; ius gentium). Der traditionsreiche Begriff ist also, wie so manches in der Jurisprudenz, cum grano salis zu verstehen, siehe auch Fn. 161 mit dem Lichtenberg-Zitat.

[260] Die deutsche Regierungsdelegation, die in Bonn und in auswärtigen Hauptstädten die DBA-Verhandlungen führt, besteht hauptsächlich aus Fachleuten des federführenden Bundesfinanzministeriums; andere Ressorts (z.B. Wirtschaftsministerium und Entwicklungshilfeministerium) beteiligen sich nicht selten an den Verhandlungen, die in ständiger Fühlungnahme mit dem Auswärtigen Amt und mit den deutschen Botschaften „vor Ort" diplomatisch vorbereitet werden.

[261] Gemessen an der Macht des Weimarer Reichspräsidenten, ist dieses formelle Recht des Bundespräsidenten inhaltlich fast gewichtslos, da die Führung der Außenpolitik dem verantwortlichen Bundesminister im Rahmen der Richtlinienkompetenz des Bundeskanzlers obliegt, vgl. des Näheren *R. Weber-Fas*, Zur staatsrechtlichen Stellung des Bundespräsidenten, in: Festschrift für K. Duden, 1977, S. 685, 700.

[262] Diese dem Bundespräsidenten zustehende Vertragsgewalt impliziert, daß nur mit seiner Vollmacht völkerrechtlich verhandelt werden kann. In der Abkommenspraxis, insbesondere auch bei DBA, besteht eine weitgehende Delegation des präsidialen Vertragsschließungsrechts auf die Bundesregierung, das Auswärtige Amt und andere Regierungsorgane. – Zu grundsätzlichen Fragen vgl. *R. Bernhardt*, Der Abschluß völkerrechtlicher Verträge im Bundesstaat, 1957; *H. Mosler*, Die auswärtige Gewalt im Verfassungssystem der Bundesrepublik Deutschland, in: Festgabe für C. Bilfinger, 1954, S. 243ff.

[263] Siehe dazu *H.-W. Bayer*, Die Aufhebung völkerrechtlicher Verträge im deutschen parlamentarischen Regierungssystem, 1969, S. 113ff. – Freilich entzieht sich die – traditio-

Die deutschen DBA gehören zu den völkerrechtlichen Verträgen, deren Zustandekommen die formelle Beteiligung des Bundesgesetzgebers erfordert.

Ob sie politische Staatsverträge im Sinne des Art. 59 Abs. 2 GG sind, erscheint freilich – unbeschadet der den DBA zukommenden politischen, insbesondere außenpolitischen, wirtschaftspolitischen, rechtspolitischen und finanzpolitischen Bedeutung – überaus zweifelhaft, insbesondere wenn man der einleuchtenden Interpretation des Bundesverfassungsgerichts folgt. Nach jener Rechtsprechung[264] wird ein Staatsvertrag nicht schon dadurch zu einem „politischen" im Sinne dieser Verfassungsnorm, daß er sich mit öffentlichen Angelegenheiten, dem Gemeinwohl oder den Staatsgeschäften befaßt. Würde man diese Kriterien genügen lassen, so wäre jeder völkerrechtliche Vertrag ein „politischer" und die von der Verfassung normierte Einschränkung der Zustimmungsbedürftigkeit verlöre ihren Sinn. Verträge, welche die politischen Beziehungen des Bundes regeln (Art. 59 Abs. 2 GG), sind daher grundsätzlich nur solche internationale Abkommen, durch die „die Existenz des Staates, seine territoriale Integrität, seine Unabhängigkeit, seine Stellung oder sein maßgebliches Gewicht in der Staatengemeinschaft" berührt werden[265].

Ist demnach ein DBA regelmäßig[266] kein „politischer Vertrag", so ergibt sich das Erfordernis der Gesetzesform jedoch in jedem Fall aus der zweiten Alternative des Art. 59 Abs. 2 GG. Denn die internationalen DBA sind Verträge, die sich im Sinne dieser Verfassungsvorschrift

---

nell dem Bereich der Exekutive angehörende – Außenpolitik ihrer besonderen Natur wegen einer laufenden parlamentarischen Mitgestaltung. Auch hat die Regierung aus faktischen Gründen (Expertenapparat im In- und Ausland usw.) ein Übergewicht bei den außenpolitischen Geschäften. Indessen ist die parlamentarische Mitwirkung bei bestimmten für Politik und Staatsbürger besonders wichtigen Verträgen vom GG zwingend vorgeschrieben.

264 BVerfG v. 29. 7. 1962, BVerfGE 1, S. 372, 380ff. unter Hinweis auf das Schrifttum zum Begriff des politischen Vertrags.

265 Das BVerfG (a.a.O., S. 381) konkretisiert den Terminus „politische Verträge" als „Verträge, die darauf gerichtet sind, die Machtstellung eines Staates anderen Staaten gegenüber zu behaupten, zu befestigen oder zu erweitern" und nennt als Beispiele derartiger Staatenverträge vor allem „Bündnisse, Garantiepakte, Abkommen über politische Zusammenarbeit, Friedens-, Nichtangriffs-, Neutralitäts- und Abrüstungsverträge, Schiedsverträge und ähnliche Verträge".

266 Ausnahmsweise, wenn besondere Umstände vorliegen, kann auch einem DBA die Rechtsqualität eines „politischen Vertrags" zukommen. Die Sache liegt hier ähnlich wie bei Handelsverträgen, die von der früheren, den heutigen internationalen Beziehungen nicht mehr entsprechenden Völkerrechtslehre grundsätzlich als nicht-politische Verträge betrachtet wurden.

auf Gegenstände der Bundesgesetzgebung beziehen. Was „Gegenstände der Bundesgesetzgebung" sind, folgt aus dem besonderen Zweck dieser Vorschrift im Gefüge der Verfassung. Art. 59 Abs. 2 GG regelt für den Bereich der auswärtigen Gewalt die Kompetenzverteilung zwischen Regierung und Parlament, nicht dagegen die Verteilung der Gesetzgebungszuständigkeit zwischen Bund und Ländern. Deshalb sind die Gegenstände der Bundesgesetzgebung im Sinne des Art. 59 Abs. 2 GG nicht etwa gleichbedeutend mit den Gegenständen der ausschließlichen Gesetzgebung des Bundes (Art. 73 GG) oder den Gegenständen der konkurrierenden Gesetzgebung des Bundes (Art. 74 GG). Im Blick auf völkerrechtliche Verträge gewinnen die „Gegenstände der Bundesgesetzgebung" vielmehr ihr rechtliches Profil aus der Unterscheidung zu den „Gegenständen der Bundesverwaltung". Für die Frage, ob sich ein Vertrag auf Gegenstände der Bundesgesetzgebung bezieht, ist also nicht die Verschiedenheit von Bundesgesetzgebung und Landesgesetzgebung mit den entsprechenden Zuständigkeitskatalogen des GG[267] von Bedeutung, sondern es kommt darauf an, ob für den innerstaatlichen Vollzug des Vertrags die Mitwirkung der gesetzgebenden Körperschaften rechtlich erforderlich ist[268]. Ein legislativer Vollzugsakt in Gestalt eines Bundesgesetzes ist dann notwendig, wenn der Bund durch den völkerrechtlichen Vertrag Verpflichtungen übernimmt, deren Erfüllung nur durch Erlaß eines Rechtsgesetzes möglich ist. Mit anderen Worten: nur solche Verträge beziehen sich im Sinne des Art. 59 Abs. 2 GG auf Gegenstände der Bundesgesetzgebung, deren Inhalt, wenn es sich nicht um ein internationales Abkommen, sondern um eine innerstaatliche Regelung handelte, materiell zu den Gegenständen der Legislative und nicht zu denen der Exekutive gehören würde[269]. Bedarf eine solche Legislation der Zustimmung des Bundesrats, so bedarf auch das entsprechende Vertragsgesetz dieser Zustimmung. Die vom Grundgesetz geforderte Betei-

---

[267] Der Bund hat z.B. die ausschließliche Gesetzgebung über die auswärtigen Angelegenheiten, das Währungs-, Geld- und Münzwesen, über die Einheit des Zoll- und Handelsgebietes, die Handels- und Schiffahrtsverträge, die Freizügigkeit des Warenverkehrs und den Waren- und Zahlungsverkehr mit dem Ausland (Art. 73 Nr. 1, 4 und 5 GG).

[268] So mit Recht, gegen einen Teil der Lehre, auch das BVerfG unter Berücksichtigung der entsprechenden Vorschriften in der Weimarer Verfassung und der Reichsverfassung von 1871 und der einschlägigen Interpretationen u.a. von Laband, Heckel, W. Jellinek und Kraus, siehe BVerfGE 1, S. 372, 388f.

[269] Siehe auch *H. v. Mangoldt*, Das Bonner Grundgesetz, 1950, S. 320; *W. Rudolf*, Völkerrecht und deutsches Recht, 1967, S. 192ff.; *A. Bleckmann*, Grundgesetz und Völkerrecht, 1975, S. 219f.

ligung der gesetzgebenden Körperschaften am Zustandekommen völkerrechtlicher Verträge dient einem doppelten Zweck. Einmal soll verhindert werden, daß Staatsverträge innerstaatlich nicht vollzogen werden können wegen mangelnder Mitwirkung der Legislative. Zum andern soll vermieden werden, daß die zur Gesetzgebung berufenen Verfassungsorgane durch die Vertragspolitik der Exekutive vor vollendete Tatsachen gestellt werden.

Da die deutschen DBA die verfassungsrechtliche Gesetzgebungskompetenz der Legislative substantiell berühren, bedürfen diese völkerrechtlichen Verträge der parlamentarischen Mitwirkung nach Art. 59 Abs. 2 GG. Rechtliches Ziel der DBA ist die Aufhebung oder Änderung von Normen des nationalen Steuerrechts[270]. Die einschlägigen vertraglichen Abgrenzungsnormen, die eine Modifikation der innerstaatlichen Steuerrechtsordnung intendieren, greifen inhaltlich in den Bereich der Legislative ein und erfordern, wegen des Vorbehalts des Gesetzes[271], die verfassungsförmliche Mitwirkung der Gesetzgebungsorgane des Bundes[272].

c) Das Vertrags-Gesetz, durch das die gesetzgebenden Körperschaften des Bundes beim Zustandekommen völkerrechtlicher Verträge mitwirken, hat verschiedene Funktionen, vor allem aber folgende doppelte Wirkung. Einerseits ermächtigt es den Bundespräsidenten, den betreffenden Staatsvertrag endgültig abzuschließen[273] und zu ratifizieren[274].

---

[270] Diese vertragsmäßige Beschränkung der nationalen „Steuerhoheit" läßt die staatliche Souveränität unberührt. Souveränität als Unabhängigkeit des Staates nach außen bedeutet nicht etwa die Unmöglichkeit vertragsrechtlicher Bindungen und Begrenzungen in der Ausübung der Staatsgewalt. Vielmehr gehört das Recht, internationale Staatsverträge zu schließen, zum Inhalt der staatlichen Souveränität, vgl. auch *G. Erler*, Grundprobleme des Internationalen Wirtschaftsrechts, 1956, S. 159; *F. Ermacora*, Allgemeine Staatslehre, 1. Teilband, 1970, S. 360; nach älteren Lehren vertrug sich die Möglichkeit einer rechtlichen Selbstverpflichtung nicht mit der Idee der Souveränität, siehe *G. Jellinek*, Die rechtliche Natur der Staatenverträge, Wien 1880, S. 10.

[271] Zum Vorbehalt des Gesetzes als einer Erscheinungsform des rechtsstaatlichen Gesetzmäßigkeitsprinzips vgl. *R. Weber-Fas*, Grundzüge des allgemeinen Steuerrechts der Bundesrepublik Deutschland, 1979, S. 35f.

[272] Ganz allgemein betrifft das Steuerrecht Eingriffe in Freiheit und Eigentum. Daß dies Gegenstände der Bundesgesetzgebung i.S.v. Art. 59 II GG sind, bemerkt mit Recht *Ch. Starck*, Der Gesetzesbegriff des Grundgesetzes, 1970, S. 174. Mögen auch DBA typischerweise diese Eingriffe mildern, so ändert dies nichts an ihrer verfassungsrechtlichen Qualität als „Gegenstände der Bundesgesetzgebung".

[273] Zu diesen Fragen vgl. etwa *R. Bernhardt*, Der Abschluß völkerrechtlicher Verträge im Bundesstaat, 1957, S. 135; *H. Mosler*, Das Völkerrecht in der Praxis der deutschen Gerichte, 1957, S. 18.

[274] Ratifikation ist die Mitteilung an den Vertragspartner, daß der Vertrag innerstaatlich in Kraft gesetzt ist. Verträge mit sog. Ratifikationsklausel – dazu gehören insbesondere

Außer dieser Zustimmungsfunktion hat das Vertragsgesetz eine für die innerstaatliche Rechtsanwendung bedeutsame, in der Wissenschaft nicht unumstrittene Koppelungsfunktion. Die Problematik dieser „Transformation" des völkerrechtlichen Vertragsinhalts in deutsches Recht steht vor dem Hintergrund prinzipieller Fragen um das Verhältnis von Völkerrecht und Landesrecht.

d) Für die theoretische Deutung dieses Verhältnisses gibt es die grundsätzliche Alternative[275] einer monistischen oder dualistischen (pluralistischen) Konstruktion, je nachdem, ob man Völkerrecht und nationales Recht auffaßt als zwei besondere Materien einer einheitlichen Universalrechtsordnung oder als zwei vollkommen selbständige Rechtssphären ohne gemeinsames normatives Dach. Von dieser Grundkonzeption ausgehend läßt sich die monistische Alternative in zwei verschiedene theoretische Stränge aufgliedern: Monismus mit Primat des Völkerrechts einerseits oder Monismus mit Primat des einzelstaatlichen Rechts andererseits[276]. Auf diesen Fundamenten möglicher Konstruktionen des Verhältnisses von Völkerrecht und Landesrecht wurden zahlreiche theoretische Varianten errichtet, von denen hier nur die für die Gegenwart wichtigsten kurz skizziert werden sollen.

Nach der radikal-monistischen Theorie[277] gibt es keinen logischen Widerspruch zwischen dem Inhalt der Normen beider Rechtssysteme, gleichgültig, ob das staatliche Recht oder das Völkerrecht als das übergeordnete gilt; es bestehe eine Einheit des übergeordneten mit dem untergeordneten System. Daher sei eine Norm des untergeordneten Systems, die einer Norm der höheren Ordnung widerspreche, von vornherein nichtig. Für diese Theorie sind beide Alternativen möglich: Monismus mit Primat des staatlichen Rechts oder Monismus mit Primat des Völkerrechts. Deshalb sei es rechtlich gleichgültig, für welche der beiden Betrachtungsweisen man sich entscheide[278].

---

auch die DBA – treten erst nach der Ratifikation (sc. Austausch bzw. Hinterlegung der Ratifikationsurkunden) in Kraft, vgl. *O. Kimminich*, Einführung in das Völkerrecht, 1975, S. 157.

[275] In diesem Sinne grundlegend *H. Triepel*, Völkerrecht und Landesrecht, 1899, S. 8, 111f., 128f.

[276] Dazu eingehend *A. Verdross*, Zur Konstruktion des Völkerrechts, Zeitschr. f. Völkerrecht, 1914, S. 329, 337.

[277] So *H. Kelsen*, Das Problem der Souveränität und die Theorie des Völkerrechts. Beitrag zu einer reinen Rechtslehre, 2. Aufl. 1928, S. 111, 113.

[278] Politisch seien beide Alternativen offen für Mißbrauch, wobei der Monismus mit Staatsrechtsprimat besonders anfällig sei für imperialistische Tendenzen, vgl. *H. Kelsen*, Reine Rechtslehre, 2. Aufl. Wien 1960, S. 328, 332, 342.

Gegenüber solchen extrem-logischen Deduktionen, die nur vereinzelt vertreten worden sind, hat sich innerhalb der monistischen Lehre, inspiriert auch von der Gedankenwelt des Völkerbundes, die Vorstellung vom Primat des Völkerrechts deutlich durchgesetzt[279]. Nach dieser Doktrin eines gemäßigten Monismus[280] gibt es naturrechtlich fundierte oberste Rechtsgrundsätze, auf deren Grundlage völkerrechtliche Vorschriften erwachsen, die für die Völkerrechtssubjekte verbindlich sind. Kraft der Unterwerfung unter das Völkerrecht gehen die Staaten, zufolge dieser Theorie, als absolut selbständige Hoheitsträger unter, um als relativ selbständige völkerrechtliche Teilordnungen wiederzuerstehen. Dabei sei es denkbar, daß die Staaten völkerrechtswidrige Gesetze erließen; diese müßten dann, obzwar innerstaatlich verbindlich, um des Primats des Völkerrechts willen aufgehoben werden[281].

Innerhalb der dualistischen, in zahlreichen Varianten vertretenen Grundauffassung des Verhältnisses von Völkerrecht und Landesrecht sind vor allem die Positionen des strikten Dualismus einerseits und des gemäßigten Dualismus andererseits zu unterscheiden.

Der strikt-dualistischen Lehre[282] gelten Völkerrecht und nationales Recht als gänzlich eigenständige, voneinander vollkommen unabhängige Rechtsordnungen. Es handele sich, so *Triepel*, um „zwei Kreise, die sich höchstens berühren, niemals schneiden“. Nach Rechtsquelle und Regelungsgegenstand seien Völkerrecht und staatliches Recht wesensverschieden. Zwar sei das Völkerrecht dem Landesrecht übergeordnet, dies wirke sich aber innerhalb der staatlichen Rechtsordnung nicht aus; nur staatlichen Normen schulde der Bürger Rechtsgehorsam. Indessen sei der Staat im Außenverhältnis verpflichtet, seine Rechtsordnung völkerrechtskonform zu gestalten.

Gegenüber dieser Theorie einer radikalen, mit der Staatenpraxis schwerlich konkordierenden Trennung von nationalem und internationalem Recht – einer Lehre, die insbesondere den von ihr behaupteten Vorrang des Völkerrechts nicht recht zu begründen vermag – haben sich schon bald Argumentationen eines gemäßigten Dualismus mit Erfolg in

---

[279] Besonders pointiert bei *H. Krabbe*, Die moderne Staats-Idee, Haag 1919, S. 278.

[280] Vor allem vertreten von *A. Verdross*, Die Verfassung der Völkerrechtsgemeinschaft, Wien 1926.

[281] *A. Verdross*, a.a.O., S. 36ff., 40.

[282] Siehe dazu insbesondere die Darlegungen von *H. Triepel*, Völkerrecht und Landesrecht, 1899, S. 9, 111, 259, 299.

Theorie[283] und Praxis geltend gemacht. Nach der hier zugrundegelegten Konstruktion sind Völkerrecht und nationales Recht zwar prinzipiell unterschiedliche und voneinander geschiedene Rechtsordnungen, sie stehen sich aber nicht rechtlich beziehungslos gegenüber. So könnten etwa Völkerrecht und Landesrecht wechselseitig aufeinander verweisen. Ferner könne das Völkerrecht juristische Grundlage sein für Verpflichtungen und Berechtigungen des staatlichen Rechtssystems; dies schließe nicht aus, daß es staatsrechtlich gültige völkerrechtswidrige Normen geben könne[284]. Im übrigen lehre ein Blick auf die Staatenpraxis, daß die souveränen Hoheitsträger in mannigfacher Weise an Normen des Völkerrechts partiell gebunden seien. Diese Theorie eines gemäßigten Dualismus[285] hat auch die Rechtsprechung des Bundesverfassungsgerichts wesentlich beeinflußt[286].

Von ihren Ergebnissen her kommen sich die gemäßigt dualistische Theorie und die monistische Lehre mit Völkerrechtsprimat recht nahe. Nach beiden Kontruktionen gibt es eine grundsätzliche Überordnung des Völkerrechts, desgleichen eine Art Mediatisierung des Völkerrechts durch das Landesrecht und ferner die Möglichkeit staatsrechtlich verbindlichen völkerrechtswidrigen nationalen Rechts. Doch geht die dualistische Vorstellung aus von der echten Selbständigkeit des Landesrechts, während diese Rechtsordnung für die monistische Betrachtung nur ein Ausfluß des Völkerrechts ist. Den Realitäten der Welt angemessener erscheint indessen die gemäßigt dualistische Deutung des Verhältnisses von Völkerrecht und staatlichem Recht. Die monistische Konstruktion dieser grundlegenden Beziehung basiert letztlich auf der Idee einer civitas maxima, die jedenfalls in der Wirklichkeit der gegenwärtigen Staatengewalt keine hinreichende Entsprechung findet[287]. Eine realitäts-

---

[283] Erstmals eingehend dargelegt von *D. Anzilotti*, Lehrbuch des Völkerrechts, Bd. 1 (Übertragung nach der 3. italienischen Aufl.), 1929, S. 37ff.

[284] Vgl. dazu *G. A. Walz*, Völkerrecht und staatliches Recht, 1933, S. 260f.

[285] Vgl. ferner *K. Doehring*, Die allgemeinen Regeln des völkerrechtlichen Fremdenrechts und das deutsche Verfassungsrecht, 1963, S. 35f.; *E. Kaufmann*, Traité international et Loi interne, Mélanges à l'honneur de G. Gidel, 1961, S. 384; *A. Ross*, Lehrbuch des Völkerrechts, 1951, S. 63; *U. Scheuner*, L'influence du droit interne sur la formation du droit international, Recueils des Cours de l'Académie de Droit International, 68 (1939) II, S. 100.

[286] Erkennbar bereits in der Entscheidung vom 30. 7. 1952, BVerfGE 1, S. 396, 413.

[287] So im Ergebnis auch *W. Rudolf* (Völkerrecht und deutsches Recht, 1967), der mit Recht vor allzu phantasievollen völkerrechtlichen Konstruktionen warnt und zutreffend konstatiert: „Die Völkerrechtsgemeinschaft ist wie eh und je eine Gemeinschaft koordinierter Staaten und sonstiger Völkerrechtssubjekte, der der Durchgriff in die Innensphäre

bezogene Sicht der Frage muß ausgehen von der Pluralität bestehender souveräner Staaten, die zugleich die existentielle Grundlage bilden für die theoretische und dogmatische Annahme eines koordinationsrechtlichen Völkerrechts.

e) Wenn nun Völkerrecht und staatliches Recht sich in der dargelegten Weise dualistisch gegenüberstehen, so bedarf es, um die völkerrechtlichen DBA im innerstaatlichen deutschen Steuerrecht anwendbar zu machen, eines besonderen – wie immer auch theoretisch zu deutenden – Vorgangs der Übernahme des internationalen in das nationale Recht[288]. Sieht man von der Vielzahl der einschlägigen theoretischen Varianten ab, so lassen sich nach verfassungsrechtlicher Staatenpraxis und Völkerrechtslehre im wesentlichen die Rechtsfiguren der Adoption, der Transformation und des sog. Vollzugs unterscheiden. Gemeinsamer Zweck dieser Theorien ist der Versuch einer Erklärung der normativen Überführung (Inkorporation) von Völkerrecht auf die Ebene des nationalen Rechts, damit internationale Normen für staatliche Organe konkret anwendbar werden. Im vorliegenden Zusammenhang geht es nur um die Frage der Übernahme völkerrechtlicher Verträge[289] in die innerstaatliche Rechtsordnung.

f) Die Adoptionstheorie als Deutungsmodell findet eine positive Entsprechung schon im alten britischen Richterrecht, das nach dem Grundsatz verfuhr: „international law is part of the law of the land“[290]. Diese für das Völkergewohnheitsrecht entwickelte en bloc-Übernahme wurde vom US-amerikanischen Verfassungsrecht[291] auch auf das Völker-

der völkerrechtlichen Normadressaten im gegenwärtigen Zeitpunkt der geschichtlichen Entwicklung versagt ist“ (a.a.O., S. 146).

[288] Das Völkerrecht bedarf also grundsätzlich zum Zweck seiner Durchführung der Ergänzung durch das staatliche Recht. Wie die Staaten ihre international-rechtlichen Verpflichtungen innerstaatlich erfüllen, ist ihnen nach allgemeinem Völkerrecht freigestellt.

[289] Die Übernahme des Vertragsrechts durch einen bestimmten vertragsbezogenen, verfassungsrechtlich vorgesehenen staatlichen Akt unterscheidet sich grundsätzlich von der generellen Übernahme des Völkergewohnheitsrechts. Die hier (z.B. in Ländern mit Common Law-Tradition nach ungeschriebenem Verfassungsrecht ipso iure und en bloc sich vollziehende innerstaatliche Anwendbarkeit ist in einer Reihe moderner Verfassungen durch entsprechende Generalklauseln ausdrücklich vorgesehen. In besonders völkerrechtsfreundlicher Form ist dies in Art. 25 GG geregelt. Danach sind die allgemeinen Regeln des Völkerrechts nicht nur Bestandteil des Bundesrechts, sondern sie gehen den deutschen Gesetzen sogar vor.

[290] Siehe zu diesem Prinzip insbesondere *W. Blackstone*, Commentaries on the Laws of England, Vol. IV, Oxford 1769, S. 67.

[291] Art. VI Abs. 2 der Verfassung der USA von 1787.

vertragsrecht erstreckt, das hiernach, mit Vorrang vor der Verfassung und den Gesetzen des Einzelstaats, als „supreme law of the land" adoptiert wurde. Die umfassende Vorzugsstellung des internationalen Rechts ist jedoch im Laufe der Zeit gerade in den Vereinigten Staaten erheblich abgeschwächt worden[292]. Mit welchen rechtlichen Rangfolgen auch immer inkorporiert wird, wesentlich ist der Adoptionstheorie stets die Vorstellung, daß das Völkerrecht ohne inhaltliche Umformung in das staatliche Recht überführt wird. Da sich hierin eine Art monistischer Sicht des Verhältnisses von Völkerrecht und Landesrecht zeigt, eignet sich diese Deutung schwerlich zur Klärung der in Rede stehenden grundsätzlichen Frage, die aus den oben dargelegten Gründen von einer dualistischen Grundauffassung ausgeht.

g) Die danach für die innerstaatliche Anwendbarkeit notwendige Veränderung der Normen des Völkervertragsrechts läßt sich wesentlich einleuchtender als Transformation[293] in dem Sinne erklären, daß die völkerrechtlichen Vorschriften substantiell, wenn auch mit gewissen Einschränkungen, in staatliches Recht umgewandelt werden. Mit dieser Umgießung in Landesrecht ändert sich nicht nur der Geltungsgrund, sondern auch der Kreis der Adressaten der ursprünglich völkerrechtlichen Norm. Gegen den grundsätzlichen Ansatz der – mit der gemäßigt dualistischen Sicht von Völkerrecht und Landesrecht in Einklang befindlichen – Transformationstheorie ergeben sich auch aus Art. 25 GG keine erheblichen Einwände. Denn die dort normierte Inkorporation muß durchaus nicht als Adoption aufgefaßt werden, das vom Grundgesetz Gewollte läßt sich vielmehr als generelle Transformation einleuchtend erklären. Diese Verfassungsvorschrift transformiert demnach allgemein en bloc und ipso iure, ohne daß es eines besonderen gesetzlichen Transformationsaktes bedarf. Unbeschadet der grundsätzlich anzunehmenden inhaltlichen Umwandlung insbesondere des Völkervertragsrechts kommt es freilich zu keiner innerstaatlichen Identität von ursprünglich internationalen und ursprünglich nationalen Teilen der Rechtsordnung. Die Denkfigur der Transformation ist nur cum grano salis zu verstehen. Durch die – rechtswissenschaftlich und nicht natur-

---

[292] Als „Law of the Land" gilt insbesondere Völkervertragsrecht nur mit der Maßgabe, daß es nicht gegen die Verfassung oder späteres Gesetzesrecht verstößt, vgl. *L. Oppenheim/H. Lauterpacht*, International Law, Vol. I, 8th ed., London 1955, S. 41 f.

[293] So im grundsätzlichen Ansatz bereits *H. Triepel*, Völkerrecht und Landesrecht, 1899, S. 112.

wissenschaftlich gedachte[294] – Transformation werden die transformierten völkervertragsrechtlichen Normen nicht vollkommen von ihrem ursprünglichen Quellgrund losgelöst, ein bestimmter internationalrechtlicher Charakter bleibt ihnen auch innerstaatlich erhalten. Dies äußert sich insbesondere nicht nur beim Inkrafttreten und Außerkrafttreten[295], sondern auch bei der innerstaatlichen Auslegung[296] der transformierten Normen des Völkervertragsrechts. Es findet also keine radikale, sondern nur eine gemäßigte Transformation statt.

h) Im Unterschied zu der hier vertretenen Transformationslehre, welche die – wegen der Heterogenität der Rechtsquellen und der Verschiedenheit der Rechtsnormadressaten notwendige – inhaltliche Umsetzung von Völkerrecht in Landesrecht dogmatisch und praktisch ermöglichen soll, spricht die sog. Vollzugslehre[297] dem innerstaatlichen Anwendungsbefehl bei Völkerrechtsnormen die Wirkung einer substantiellen Transformation ab. Ähnlich wie die für Kritik offene Adoptionstheorie, die nur bei einer monistischen Völkerrechtsbetrachtung schlüssig erscheint, läßt auch die Vollzugslehre den Geltungsgrund und die Adressaten der Völkerrechtsnorm innerstaatlich unverändert. Nach ihrer Sicht hat der zur landesrechtlichen Vollziehbarkeit der Völkerrechtsnorm erforderliche Staatsakt keinen eigenständigen materiellen Rechtsgehalt, vielmehr ist er lediglich eine Art Freigabe der untransformierten Völkerrechtsnorm für Zwecke ihres innerstaatlichen Vollzugs. Solche Deutung steht nicht im Einklang mit der hier dargelegten Konzeption einer gemäßigten, den Systemzusammenhang beider Rechtskreise berücksichtigenden Transformation. Sie erfordert es, dem staatsrechtlichen Vollzugsbefehl substantielle Rechtswirkung beizulegen. Demgemäß hat der Anwendungsbefehl in Form des Vertragsgesetzes zwar einerseits zur Folge, daß die ursprüngliche Völkerrechtsnorm auch in ihrer neuen Gestalt ihre internationalrechtliche Herkunft nicht gänzlich einbüßt. Als transformiertes Recht aber entfaltet die Norm – reine

[294] In diesem Sinne vor allem auch *W. Rudolf*, Völkerrecht und deutsches Recht, 1967, S. 163.

[295] Die innerstaatliche Anwendbarkeit der transformierten Vertragsvorschriften hängt grundsätzlich ab von deren völkerrechtlichem Inkrafttreten und Außerkrafttreten.

[296] Die durch Transformation nicht untergegangene völkerrechtliche Herkunft verlangt eine völkerrechtskonforme Auslegung dieser Normen.

[297] Siehe zu diesen Fragen insbesondere *K. J. Partsch*, Die Anwendung des Völkerrechts im innerstaatlichen Recht. Überprüfung der Transformationslehre, Berichte der Deutschen Gesellschaft für Völkerrecht, H. 6 (1964), S. 13ff.

zwischenstaatliche Beziehungen transzendierend – rechtliche Bindungswirkung für Staatsorgane und Staatsbürger wie ein Gesetz.

2. *Normativer Rang der DBA*

a) Typischer Hauptzweck der internationalen DBA ist die normative Begrenzung nationaler Steueransprüche der Vertragsstaaten. Von diesem empirischen Befund zu unterscheiden ist die dogmatische Frage, ob ein DBA rechtsnotwendig auf solche Restriktionen der Besteuerung beschränkt ist. Entgegen einer in Rechtsprechung und Schrifttum verbreiteten Auffassung ist es nicht prinzipiell ausgeschlossen[298], daß – ausnahmsweise und abweichend von herkömmlicher Staatenpraxis – durch ein DBA neue Steueransprüche begründet werden. Dies folgt aus der Gesetzesqualität des ordnungsgemäß zustande gekommenen DBA in Verbindung mit der verfassungsrechtlichen Freiheit des deutschen Gesetzgebers[299].

b) Die in deutsches Recht transformierte DBA begründen, nach Maßgabe ihrer von den Vertragsstaaten vereinbarten steueranspruchsbeschränkenden Wirkung, unmittelbar[300] subjektive innerstaatliche Rechtspositionen der abkommensbegünstigten Personen. Zugleich wird der vom Geltungsbereich des DBA erfaßte Steuerpflichtige insoweit mittelbar[301] Träger völkerrechtlicher Rechte. Die unmittelbare Anwendbarkeit der DBA als Rechtsquelle – sie gründet sich auf die Eignung der Abkommensvorschriften, nach ihrem Wortlaut, Inhalt und Zweck ohne

---

[298] Zu optimistisch erscheint die Feststellung von *O. Bühler* (Prinzipien des Internationalen Steuerrechts, Amsterdam 1964, S. 37), es sei heute gewohnheitsrechtlich gesichert, daß DBA keine Begründung von staatlichen Steueransprüchen mit sich bringen dürften. Die bloße Wiederholung von Akten der Staatspraxis reicht nicht aus, um Völkergewohnheitsrecht entstehen zu lassen; hinzu kommen muß die Überzeugung der Beteiligten, zu diesem Verhalten rechtlich verpflichtet zu sein, vgl. auch *A. A. D'Amato*, The Concept of Custom in International Law, Ithaca/London 1971.

[299] Diese Freiheit des Gesetzgebers ist unter dem Grundgesetz insbesondere durch das Rechtsstaatsprinzip beschränkt. Zur rechtsstaatlichen Grundordnung des deutschen Steuerrechts vgl. *R. Weber-Fas*, Grundzüge des allgemeinen Steuerrechts der Bundesrepublik Deutschland, 1979, S. 32–41.

[300] Der Stpfl. kann sich ohne weiteres auf das transformierte DBA berufen; er braucht insbesondere nicht nachzuweisen, daß die Voraussetzungen einer Doppelbesteuerung effektiv erfüllt sind, so schon im Ansatz *Enno Becker*, Die Grundlagen der Einkommensteuer, 1940, S. 142.

[301] Daß in Fällen dieser Art die Einzelperson direkt zum Völkerrechtssubjekt wird, scheint *G. Hoffmann* anzunehmen (Internationales Verwaltungsrecht, in: I. v. Münch, Hg., Besonderes Verwaltungsrecht, 2. Aufl. 1970, S. 635).

weiteren staatsrechtlichen Akt wie eine innerstaatliche Gesetzesvorschrift Rechtsfolgen zu erzeugen[302] – kann sich unter Umständen auch zu ungunsten des Steuerpflichtigen auswirken, wie insbesondere der in den neueren deutschen DBA vereinbarte sogenannte Progressionsvorbehalt zeigt. Die einschlägige Vertragsnorm enthält nicht lediglich eine Ermächtigung für die Bundesrepublik, eine innerstaatliche Rechtsnorm des Inhalts zu schaffen, daß die von der inländischen Steuer vertragsmäßig befreiten Einkünfte bei der Ermittlung des inländischen Steuersatzes wieder hinzuzurechnen sind, sondern der vertragliche Progressionsvorbehalt ist selbst diese unmittelbar anwendbare Rechtsvorschrift[303].

c) Die verfassungsgemäß transformierten deutschen DBA unterliegen, wie sonstiges innerstaatliches Steuerrecht, auch der Kontrolle durch das Bundesverfassungsgericht[304]. Da die Freistellung auswärtiger Gewalt von gerichtlicher Überprüfung in prinzipiellem Widerspruch zur uneingeschränkten normativen Geltung der Verfassung stünde[305], hat das Bundesverfassungsgericht (BVerfG) mit Recht gegen Zustimmungsgesetze zu völkerrechtlichen Verträgen jene Kontrollverfahren zugelassen[306], die Art. 93 GG allgemein für Gesetze eröffnet. In Betracht kommen vor allem die abstrakte und die konkrete Normenkontrolle sowie die indivi-

---

[302] In diesem Sinne auch BVerfGE 29, S. 348, 360. – Die oben genannten Kriterien der Transformabilität einer Völkerrechtsnorm (m. a. W., ob eine Vertragsvorschrift „self-executing" ist) können auch anders formuliert werden: Eine Völkerrechtsnorm ist unmittelbar anwendbar, wenn sie einen persönlichen, sachlichen, räumlichen und zeitlichen Geltungsbereich hat, der die Rechte der Einzelnen und der Staatsorgane hinreichend klar bestimmt, vgl. auch *F. Ermacora*, Die Menschenrechte und der Formalismus, J. Bl. 1962, S. 119.

[303] So im Ergebnis auch der BFH in mehreren Entscheidungen, zuletzt zum DBA-Österreich im Urteil v. 4. 8. 1976, HR-DBA, Bd. II, S. 319, 320. – Zur Verletzung des Rechtsstaatsprinzips durch rückwirkende Einfügung des Progressionsvorbehalts in ein bestehendes DBA und zum Erfordernis ausdrücklicher Vereinbarung des Progressionsvorbehalts siehe den Beschluß des BVerfG vom 10. 3. 1971 zum DBA-Schweiz, in: *R. Weber-Fas*, Verfassungsrechtsprechung zum Steuerrecht (VerfRsprStR), 1971, Bd. II, S. 558, 566f.

[304] Zu den allgemeinen Fragen verfassungsrechtlicher Nachprüfung von Staatsverträgen vgl. *E. Kaufmann*, Normenkontrollverfahren und völkerrechtliche Verträge, in: Gedächtnisschrift f. W. Jellinek, 1955, S. 445ff.; *R. Kreile*, Außenpolitik und Staatsgerichtsbarkeit, 1956; *F. Schuppert*, Die verfassungsgerichtliche Kontrolle der Auswärtigen Gewalt, 1973; *H. Spanner*, Verfassungsrecht und politische Wirklichkeit bei der Rechtskontrolle von Staatsverträgen, in: Festschrift für G. Leibholz, 1966, Bd. II, S. 607ff.

[305] Anders grundsätzlich das französische, englische und amerikanische Recht, wonach Regierungsakte (acts of State; political acts) weitgehend der richterlichen Nachprüfung entzogen sind.

[306] BVerfGE 1, 396, 410; 4, 157, 162; 6, 309, 326; 24, 33; 29, 348, 358.

duelle Verfassungsbeschwerde. Zwar wird betont[307], der mit dem Zustimmungsgestz gebilligte und damit zur Ratifizierung freigegebene Vertrag sei nur mittelbar der verfassungsgerichtlichen Kontrolle unterworfen, weil formell nur das Vertragsgesetz Gegenstand der richterlichen Überprüfung sei. Da aber der materiell-rechtliche Gehalt des Normenwerks sich nicht aus dem Zustimmungsgesetz, sondern aus dem ihm beigefügten völkerrechtlichen Vertrag ergibt, erstreckt sich eine vom Gericht erkannte Verfassungswidrigkeit auf beide Rechtsinstrumente: auf die grundgesetzwidrige Vertragsnorm und auf das Vertragsgesetz, soweit es sich auf diese Norm bezieht[308]. Die verfassungsgerichtliche Prüfung des Vertragsgesetzes auf seine sachliche und förmliche Vereinbarkeit mit dem Grundgesetz[309] schließt auch die Frage ein, ob sich die Gesetzgebungsorgane im Rahmen ihrer verfassungsrechtlichen Kompetenz gehalten haben.

d) Bestehendes innerstaatliches Steuerrecht wird durch die Transformation von DBA-Normen, soweit deren Geltung reicht, abgeändert oder aufgehoben. Dieser Vorrang des Abkommensrechts ist nicht, wie im steuerrechtlichen Schrifttum des öfteren angenommen wird, die Folge eines angeblich ipso iure höheren Ranges des Völkervertragsrechts. Vielmehr ergibt sich die Modifikation der nationalen Steuerrechtsordnung durch Doppelbesteuerungsverträge aus dem allgemeinen Grundsatz, daß das spätere bzw. spezielle Gesetz dem früheren bzw. generellen Gesetz vorgeht. (Lex posterior derogat legi priori, lex specialis derogat legi generali.) Die transformierten DBA-Normen sind zwar einerseits eine besondere Rechtsmasse, deren völkerrechtliche Herkunft und Bedeutung bei ihrer innerstaatlichen Anwendung nicht gänzlich verlorengeht. Andererseits erlangen diese Vertragsvorschriften durch die staatsrechtliche Transformation die normative Wirkung eines nationalen Gesetzes, dem sie auch in der innerstaatlichen Normenhierarchie gleichstehen. Prinzipiell kann die transformierte Vertragsnorm nicht höheren Ranges sein, als die transformierende Norm[310]. Da bei den deutschen DBA der „Transformator" gemäß Art. 59 Abs. 2 GG ein

---

[307] BVerfGE 4, 157, 163.

[308] Siehe auch *E. Friesenhahn*, in: H. Mosler (Hg.), Verfassungsgerichtsbarkeit in der Gegenwart. Länderberichte und Rechtsvergleichung 1962, S. 134.

[309] Von den innerstaatlichen Wirkungen sind die international-rechtlichen Folgen der Grundgesetzwidrigkeit zu unterscheiden, vgl. dazu *W. K. Geck*, Die völkerrechtlichen Wirkungen verfassungswidriger Verträge, 1963.

[310] So insbesondere auch *W. Rudolf*, Völkerrecht und deutsches Recht, 1967, S. 176.

Bundesgesetz ist, haben auch die transformierten Steuervertragsnormen nur den Rang einfachen Bundesrechts[311].

e) Geltende DBA-Normen können als innerstaatlich anwendbares Recht durch nachfolgende deutsche Steuergesetze aufgehoben oder abgeändert werden. Weder das Zustimmungsgesetz gemäß Art. 59 Abs. 2 GG noch die von der reformierten Abgabenordnung 1977[312] eingeführte Sondervorschrift des § 2 AO[313] haben eine Garantiefunktion für den innerstaatlichen Fortbestand von transformiertem Völkervertragsrecht. Die These des BFH, eine spätere Änderung des innerstaatlichen Rechts könne eine von den Vertragsstaaten objektiv gewollte Regelung des DBA in ihrem Inhalt nicht verändern[314], hält einer Überprüfung nicht stand, wie sich aus folgenden Erwägungen ergibt.

Im Unterschied zu einigen anderen Staaten[315] hat der deutsche Verfassungsgesetzgeber dem innerstaatlich anwendbaren Völkervertragsrecht keinen höheren Rang beigelegt als dem normalen Gesetzesrecht. Nur eine höherrangige Norm wie das Grundgesetz – und nicht der einfache Gesetzgeber der Abgabenordnung – könnte den DBA als transformiertem Recht eine erhöhte Position in der deutschen Normenhierarchie verleihen. Es geht auch nicht an, die internationalen Steuerverträge am Rang des Art. 25 GG partizipieren zu lassen mit der Begründung, sie seien von dem – mit dem Rang des Art. 25 GG transformierten – Satz „pacta sunt servanda" innerstaatlich höherrangig garantiert. Diese vereinzelt vorgetragene Auffassung[316] verkennt, daß sich das Prinzip „pacta sunt servanda", das nicht unmittelbar innerstaatlich anwendbar („self-executing") ist, nur auf das völkerrechtliche Außenverhältnis zwischen den Staaten bezieht, ohne Rechte und Pflichten der Einzelnen zu

---

[311] Zur einschlägigen Rechtsprechung unter dem Grundgesetz vgl. *F. Münch*, Entscheidungen nationaler Gerichte in völkerrechtlichen Fragen, ZaöRV 1959/60, S. 186, 235ff.; *G. Boehmer*, Der völkerrechtliche Vertrag im deutschen Recht, 1965, S. 66.

[312] In der Fassung vom 16. 3. 1976, BGBl. I, S. 613, ber. 1977 I, S. 269.

[313] § 2 AO trägt die Überschrift „Vorrang völkerrechtlicher Vereinbarungen" und hat folgenden Wortlaut: „Verträge mit anderen Staaten im Sinne des Artikels 59 Abs. 2 Satz 1 des Grundgesetzes über die Besteuerung gehen, soweit sie unmittelbar anwendbares innerstaatliches Recht geworden sind, den Steuergesetzen vor".

[314] So BFH vom 15. 6. 1973 (HR-DBA, Bd. II, S. 118, 123) und vom 26. 1. 1977 (HR-DBA, Bd. II, S. 333, 347).

[315] Wie etwa Belgien, die Niederlande, Luxemburg und die Schweiz; eine deutsche Besonderheit enthält die Verfassung des Bundeslandes Hessen v. 1. 12. 1946 (GVBl. 229ff.), die in Art. 67 bestimmt: „Kein Gesetz ist gültig, das mit solchen Regeln (sc. des Völkerrechts) oder mit einem Staatsvertrag in Widerspruch steht".

[316] Vgl. *Fried. Klein*, Die Europäische Menschenrechtskonvention und Art. 25 des Bonner Grundgesetzes, JIR 1962, S. 149.

begründen. Daß Völkerrechtsverträge mit Gesetzesrang früheres Gesetzesrecht derogieren und daß umgekehrt späteres Gesetzesrecht früherem Vertragsrecht vorgeht, entspricht auch einer gefestigten deutschen Rechtsprechung im außersteuerrechtlichen Bereich[317].

Das de constitutione lata bestehende Prinzip der Derogierbarkeit transformierter DBA-Normen durch spätere Steuergesetze[318] wird freilich in der Rechtspraxis der Bundesrepublik durch bestimmte Gegenmomente gemildert. Bereits unter der Geltung der Reichsverfassung von 1871 hatte die höchstrichterliche Rechtsprechung[319] entschieden, daß zwar Reichsstaatsverträge durch ein späteres Reichsgesetz als objektive Rechtsnormen aufgehoben oder abgeändert werden könnten, daß aber eine darauf gerichtete Intention des Reichsgesetzgebers nicht vorausgesetzt werden dürfe, solange der völkerrechtliche Vertrag im Verhältnis zum Partnerstaat in Kraft sei. Diese völkerrechtsfreundliche Rechtsprechungsmaxime[320] gilt erst recht unter der Herrschaft des Grundgesetzes, dessen erhöhte Völkerrechtsfreundlichkeit in einem früheren Kapitel dieser Untersuchung dargelegt wurde. Die hieraus abzuleitende besondere „Dignität" der durch Zustimmungsgesetz transformierten völkerrechtlichen Normen rechtfertigt eine stabilisierende Auslegung in dem Sinne, daß der deutsche Richter stets der Vertragsnorm als lex specialis Vorrang einräumt gegenüber dem späteren Gesetz, sofern dieses nicht deutlich etwas anderes bestimmt. Im übrigen gilt, falls das spätere Steuergesetz dieselbe spezielle Materie regelt wie das frühere DBA, der Grundsatz völkerrechtskonformer Auslegung des innerstaatlichen Rechts. Danach ist, bis zur Grenze des Wortlauts und der ratio legis des späteren Steuergesetzes, die staatliche Normenordnung in Konkordanz

[317] Siehe etwa RGSt 4, S. 274 und BGHZ 11, S. 138; 26, S. 202; die gelegentliche Feststellung des RG, es gebe eine anerkannte Regel des Völkerrechts, daß internationale Staatsverträge nicht einseitig durch spätere Gesetzgebung eines Vertragsstaats angetastet werden dürften (so z.B. RGSt 66, S. 88; 70, S. 305), bezog sich lediglich auf die völkerrechtliche Seite der Frage.

[318] Vgl. auch *F. Berber*, Lehrbuch des Völkerrechts, 1. Bd., 1960, S. 100 und die Schrifttumsnachweise bei *W. Pigorsch*, Die Einordnung völkerrechtlicher Normen in das Recht der Bundesrepublik Deutschland, 1959, S. 89.

[319] Siehe die Rechtsprechungsnachweise bei *G. A. Walz*, Die Abänderung völkerrechtsgemäßen Landesrechts, 1927, S. 56ff.

[320] Ob es sich sogar um einen Satz des Gewohnheitsrechts über die Abänderbarkeit von Rechtssätzen handett, erscheint fraglich, bejahend insbesondere *G. A. Walz*, Völkerrecht und staatliches Recht, 1933, S. 399ff.

zu halten mit den völkerrechtlichen Verträgen und ihrer innerstaatlichen Durchführung[321].

Wenn trotz der verfassungsrechtlich gebotenen völkerrechtsfreundlichen Interpretation sich ein klarer Widerspruch zwischen späterem Steuergesetz und geltendem DBA ergibt, so bewendet es bei der staatsrechtlichen Konsequenz, daß ein Bundesgesetz transformiertes Vertragsrecht derogiert[322]. Dieser innerstaatliche Vorrang[323] hat auf der Ebene des Völkerrechts zur Folge, daß die zwischenstaatliche Verpflichtung, nationales Recht im Einklang mit völkerrechtlichen Normen zu gestalten, nicht erfüllt wird. Die daraus resultierende Diskrepanz zwischen staatsrechtlichem Innenverhältnis und völkerrechtlichem Außenverhältnis führt zu internationalrechtlichen Konsequenzen. Bei erheblicher Verletzung eines bilateralen Staatsvertrags durch eine Vertragspartei hat der andere Vertragsstaat insbesondere das Recht, den Vertrag im ganzen oder in bestimmten Teilen zu annullieren oder zu suspendieren[324].

3. *Interpretation steuervertragsrechtlicher Normen*

Ein besonderes Problemfeld[325] der innerstaatlichen Anwendung transformierter deutscher DBA ist die „richtige" Auslegung der vertragsrechtlichen Normen durch die Steuerbehörden und Finanzgerichte der

---

[321] Grundätzlich wie hier auch *A. Bleckmann*, Grundgesetz und Völkerrecht, 1975, S. 278 mit Beispielen aus dem Bereich der Niederlassungs- und Auslieferungsverträge.

[322] Wenn daher der deutsche Gesetzgeber eindeutig von seiner verfassungsmäßigen legislativen Freiheit (entgegen bestehenden DBA-Normen) Gebrauch macht, so hilft auch § 2 AO nicht, ungeachtet der Absicht des Finanzausschusses des Deutschen Bundestags, durch die Einfügung dieser Sondervorschrift die DBA der Disposition des Gesetzgebers zu entziehen, vgl. *R. Weber-Fas*, Grundzüge des allgemeinen Steuerrechts der Bundesrepublik Deutschland, 1979, S. 71.

[323] Daß der Gesetzgeber die Verfügungsmacht über den Bestand der Rechtsnormen auch dort behält, wo eine vertragliche Bindung vorliegt, wurde im Konkordatsurteil des BVerfG unbeschadet der Völkerrechtsfreundlichkeit des GG ausdrücklich angenommen, vgl. BVerfGE 6, S. 309, 363. – Aus der Literatur vgl. insbesondere noch *G. Jellinek*, Die rechtliche Natur der Staatenverträge, Wien 1880, S. 9ff. („Der Staat als das Subjekt des allgemeinen Willens kann juristisch alles, er kann sich daher auch von den Verpflichtungen befreien") und *J. A. Frowein*, Der Eingliederungsvertrag im Völkerrecht und Staatsrecht, ZaöRV Bd. 30, S. 1, 14f. („hier stößt ein . . . aus dem Vertrag folgendes Recht freilich auf die Omnipotenz des Gesetzgebers im Rahmen der Verfassung").

[324] Dazu Näheres bei *A. Verdross/B. Simma*, Universelles Völkerrecht, 1976, S. 409f. mit weiteren Nachweisen.

[325] Verständlich ist der Seufzer: „There is no part of the law of treaties which the textwriter approaches with more trepidation than the question of interpretation", so *A. D. McNair*, The Law of Treaties, Oxford, 1961, S. 364.

Bundesrepublik[326]. Der zweidimensionalen Rechtsnatur der unmittelbar geltenden Abkommenvorschriften als einem besonderen Normenbestand, in dem sich innerstaatliche Gesetzesqualität und völkerrechtlicher Vertragscharakter eigenartig verbinden, muß auch der hermeneutische Ansatz der nationalen Praxis angemessen Rechnung tragen. Für die sachgerechte DBA-Interpretation, die hier nur in ihren Grundsätzen skizziert werden kann, kommt es darauf an, Maximen der innerstaatlichen Gesetzesauslegung mit völkervertragsrechtlichen Interpretationsregeln sinnvoll zu kombinieren.

a) Allgemeine Grundsätze der Auslegung von Steuergesetzen

Die Anwendung der Steuerrechtsnorm[327] als konkret-individuelle Rechtsfindung im Rahmen des rechtsstaatlichen Gesetzesvollzugs basiert auf der dogmatischen Feststellung des Norminhalts mittels bestimmter Auslegungsmethoden. Die im Einzelfall erforderliche Interpretation[328] vollzieht sich nicht wie ein logisch-mathematischer Prozeß. Bei aller Rationalität, die im Hinblick auf das Ideal objektiver Rechtserkenntnis zu fordern ist, bleibt die Interpretation von Rechtssätzen letztlich eine Kunst, die sich auf Erfahrung, Wirklichkeitssinn und Urteilskraft gründet. Da es keine allein „richtige" Auslegung gibt, muß auch die höchstrichterliche Interpretation stets offen bleiben für neue Argumente. Seit langem gibt es einen Bestand verschiedener Auslegungstechniken, die sich in Rechtswissenschaft und Praxis herausgebildet haben. Keine dieser Interpretationsmethoden darf verabsolutiert werden, da keine für sich allein genügt. Nur in ihrem Zusammenwirken vermögen die verschiedenen Erkenntnismittel und Argumentationsweisen zu vernünftigen Entscheidungen zu führen.

Für die Interpretation von Steuergesetzen gelten prinzipiell mit Rücksicht auf den Grundsatz der Einheit der Rechtsordnung die von der

---

[326] Völkerrechtlich anerkannt ist, daß die Interpretation eines Vertrages durch den einen Vertragspartner den anderen Partner grundsätzlich nicht bindet, vgl. *McNair,* ibid. S. 345ff.

[327] Dieser Abschnitt entspricht im wesentlichen den Darlegungen in: *R. Weber-Fas*, Grundzüge des allgemeinen Steuerrechts der Bundesrepublik Deutschland, 1979, S. 82f.

[328] Siehe dazu insbesondere *H. Beisse*, Art. Auslegung, in: HwStR 1972, S. 91ff.; *ders.*, Die wirtschaftliche Betrachtungsweise bei der Auslegung der Steuergesetze in der neueren deutschen Rechtsprechung, StuW 1981, S. 1ff.; *W. Eckhardt*, Der Wille des Gesetzgebers als steuerliches Auslegungsziel, StKongRep 1967, S. 21ff.; *A. Hensel*, Gesetz und Gesetzesanwendung im Steuerrecht, VJSchrStFR 1931, S. 115ff.

allgemeinen Rechtslehre entwickelten methodischen Regeln. Insbesondere geht es nicht an, wie dies früher im Übermaß geschah[329], unter Berufung auf die sogenannte wirtschaftliche Betrachtungsweise sich von rechtsmethodischer Selbstdisziplin zu Lasten der Rechtssicherheit freizuzeichnen. Eine verständige Handhabung der allgemeinen Interpretationstechniken erlaubt es durchaus, der Eigenart steuerlicher Rechtsnormen gerecht zu werden, ohne daß legitime Interessen des Gemeinwesens oder der Steuerpflichtigen verletzt werden.

Ziel der Auslegung ist es, den Sinn des Gesetzes festzustellen. Es kommt darauf an, den wirklichen Willen des Gesetzes zu ermitteln. Dieser Wille als Erkenntnisgegenstand des Interpreten ist indessen nicht, wie dies die subjektive Theorie annimmt, der historische Wille der gesetzgebenden Körperschaften oder der Gesetzesverfasser. Vielmehr ist der wirkliche Wille des Gesetzes gleichbedeutend mit dem im Gesetz objektivierten Willen des Gesetzgebers. Auslegungsziel ist also das Gesetz selbst, nicht dagegen die Intentionen der am Gesetzgebungsakt Beteiligten[330]. Dieser objektive Wille des Gesetzes kann sich wandeln; er ist grundsätzlich entwicklungsoffen, während der historische Wille der am Gesetzgebungsverfahren beteiligten Personen den Veränderungen der Lebenswirklichkeit und der Rechtsanschauungen nicht zu folgen vermag.

Der Erfassung des objektiven Willens des Gesetzes dienen verschiedene Auslegungsmethoden. Diese Interpretationswege schließen sich nicht gegenseitig aus, sondern ergänzen einander. In Betracht kommen namentlich die grammatische, die systematische, die teleologische und – mit gewissen Einschränkungen – die genetische Auslegungsmethode.

Am Anfang des Weges zum Interpretationsziel des objektiven Gesetzessinnes steht die Auslegung nach dem Wortlaut. Dieser grammatische Ansatz hat nicht nur den allgemeinen, sondern auch den juristisch-technischen Sprachgebrauch zu berücksichtigen. – Die Wortlautinterpretation, die in den meisten Zweifelsfällen nicht zu genügen vermag, wird ergänzt durch die systematische Auslegung. Sie zieht den sachlichen Kontext und den gesetzlichen Regelungszusammenhang, in welchem der zu interpretierende Begriff steht, besonders in Betracht. – Ist auf diesem Wege der mögliche Wortsinn des auszulegenden Textes

---

[329] Vgl. *R. Weber-Fas*, Institutionen der Finanzgerichtsbarkeit im deutschen und amerikanischen Recht, 1979, S. 33f.

[330] So auch BVerfG v. 17. 5. 1960, in: *R. Weber-Fas*, Verfassungsrechtsprechung zum Steuerrecht (VerfRsprStR), 1971, Bd. I, S. 200, 202.

eingegrenzt, so ist nun mittels der teleologischen Deutung der maßgebliche Wortsinn zu bestimmen. Sind engere und weitere Interpretationen eines gesetzlichen Begriffs möglich, so kann sich die „richtige" Entscheidung nur aus dem objektiven Gesetzeszweck ergeben. Aus der ratio legis wird also im Einzelfall der maßgebliche Wortsinn festgestellt. Dabei hat der Interpret allen konkret einschlägigen Tatsachen, Gesichtspunkten und Argumenten abgewogen Rechnung zu tragen. Der Gang dieser Auslegungserwägungen, die möglichst rational nachvollziehbar sein sollen, läßt sich nicht in einer abstrakten Formel zusammenfassen. Sachliche Topoi bei der Findung des objektiven Normzwecks sind insbesondere: die Entwicklung der wirtschaftlichen und gesellschaftlichen Verhältnisse; Strukturwandlungen in bestimmten Bereichen; Veränderung der sozialen Anschauungen; neue rechtsvergleichende Erkenntnisse; Rücksicht auf die Einheit der Rechtsordnung; verfassungsrechtliche Normen und Grundentscheidungen. – Ein Hilfsmittel zur Erforschung der ratio legis ist schließlich – bei aller gebotenen Zurückhaltung gegenüber ‚subjektiven' Erkenntnisquellen – die genetische Auslegung. Hier können insbesondere Gesetzesmaterialien wie amtliche Begründungen und Protokolle der parlamentarischen Beratungen unterstützend verwertet werden, soweit sie auf den objektiven Willen des Gesetzes schließen lassen. Bei dieser subsidiär zulässigen Berücksichtigung der Entstehungsgeschichte ist besonders darauf zu achten, daß nicht die Ansichten und Absichten der am Gesetzgebungsprozeß Beteiligten mit dem objektiven Gesetzeszweck[331] gleichgesetzt werden. Der Wille des historischen Gesetzgebers kann bei der Interpretation des Gesetzes nur insoweit entscheidungsrelevant werden, als er im Gesetzestext hinreichend klaren Ausdruck gefunden hat. Diese Textgebundenheit hat im Steuerrecht, das in besonderem Maße aus dem Dictum des Gesetzgebers lebt, wegen der rechtsstaatlichen Forderung der Tatbestandsmäßigkeit der Besteuerung eine erhöhte Bedeutung.

Die am objektiven Zweck des Gesetzes orientierte, alle einschlägigen Erkenntnismittel kombinierende richterliche Rechtsfindung hat – aus verfassungsrechtlichen und methodologischen Gründen – folgende Schranken schöpferischen Judizierens zu beachten.

---

[331] Im Hinblick auf die erforderliche Bestimmung des objektiven Normsinns gibt es keine Regel des Inhalts, daß ein Steuergesetz „in dubio pro fisco" auszulegen sei. Ebensowenig gilt der umgekehrte Satz „in dubio contra fiscum". Derartige Sentenzen sind kein Ersatz für die notwendige Suche nach dem konkreten Zweck der Steuerrechtsnorm.

Sind unter methodischen Gesichtspunkten mehrere Auslegungen möglich, die teils zu einem verfassungswidrigen, teils zu einem verfassungsmäßigen Ergebnis führen, so gebührt derjenigen Interpretation der Vorzug, die mit dem Grundgesetz in Einklang steht[332]. Freilich darf diese verfassungskonforme Auslegung nicht gegen den Wortlaut und Sinn des Gesetzes verstoßen. Im übrigen ergibt sich die Hauptschranke richterlicher Gesetzesauslegung aus dem rechtsstaatlichen Verfassungsprinzip der Gewaltentrennung (Art. 20 III, 97 I GG). Die verfassungsrechtlich strikte Bindung des Richters an Gesetz und Recht, konkret also das Verbot einer Steuerrechtssprechung contra legem[333], zeigt sich vor allem in den Konsequenzen des Gebots der Tatbestandsmäßigkeit der Besteuerung. Die Gesetzmäßigkeit der Exekutive, die im Steuerrecht als Vorbehalt des Gesetzes und als Vorrang des Gesetzes ausgeprägt ist, erfordert das parlamentarisch-förmliche und überdies tatbestandlich-bestimmte Gesetz als Grundlage des Eingriffs in die Rechtssphäre des Steuerpflichtigen. Dieses unverzichtbare Strukturelement rechtsstaatlichen Steuerrechts schließt es aus, im Wege einer wie immer auch begründeten richterlichen (oder administrativen) Gesetzesinterpretation neue Steuerpflichten zu begründen oder bestehende Steuerpflichten zu erweitern.

Ungeachtet dieses rechtsstaatlichen Verbots einer interpretativen Neuschaffung oder Ausweitung von Besteuerungstatbeständen gelten im übrigen für die Auslegung des Steuergesetzes die Regeln der allgemeinen Rechtslehre. So kann der Richter etwa eine begünstigende Steuernorm im Einzelfall auch restriktiv auslegen, ohne deswegen gegen verfassungsrechtliche Grundsätze zu verstoßen[334]. Desgleichen ist die rechtsschöpferische Ausfüllung von Gesetzeslücken in gewissen Grenzen rechtsstaatlich zulässig. Freilich darf der Richter die analoge Anwendung von Rechtsprinzipien oder Einzelnormen auf ähnlich gelagerte Fälle nur unter der Voraussetzung praktizieren, daß hierdurch nicht zu Lasten des Steuerpflichtigen ein neuer Eingriffstatbestand konstruiert wird; die Entscheidung über die Steuerwürdigkeit eines Sachverhalts ist ausschließlich dem Gesetzgeber vorbehalten. Eine Überschreitung dieser verfassungsrechtlichen Grenzen richterlicher Gesetzesauslegung stellt eine Verletzung des Grundrechts der allgemeinen Handlungsfreiheit

[332] BVerfG v. 18. 5. 1971, VerfRsprStR III, S. 33, 42.
[333] BVerfG v. 3. 11. 1965, VerfRsprStR II, S. 30, 37.
[334] BVerfG v. 13. 12. 1966, VerfRsprStR II, S. 122, 124.

dar[335] und kann vom Betroffenen mit der Verfassungsbeschwerde gerügt werden.

b) Völkerrechtliche Regeln der Interpretation von Staatsverträgen

Da die als Steuergesetze innerstaatlich geltenden deutschen DBA durch die verfassungsmäßige Transformation – ungeachtet der hiermit bewirkten normadressatenändernden Rezeption – ihren völkerrechtlichen Ursprung und Charakter nicht verlieren, sind bei der Anwendung des Steuervertragsrechts durch deutsche Staatsorgane die besonderen völkerrechtlichen Interpretationsgrundsätze angemessen zu berücksichtigen[336]. Wie bei der innerstaatlichen Gesetzesauslegung ist auch für die völkerrechtliche Vertragsinterpretation[337] zu unterscheiden zwischen dem Ziel und den Methoden des Auslegungsgeschäfts.

Ziel der Vertragsauslegung ist die Ermittlung des normativen Gehalts der betreffenden Abkommensvorschrift. Gegenstand der Interpretation schriftlicher Verträge ist der Vertragstext als Dokument des Parteiwillens. Es geht um die Feststellung des wirklichen Parteiwillens, wobei die Auslegung bilateraler Verträge eventuell mehr subjektiv sein darf, als die stärker objektiv ausgerichtete Praxis bei multilateralen Abkommen[338].

Die am wirklichen, im Vertragstext objektivierten Willen der Vertragsparteien[339] orientierte Auslegung steht, wie in Staatenpraxis und

---

[335] BVerfG v. 26. 3. 1969, VerfRsprStR II, S. 395, 398.

[336] Der BFH hat in zahlreichen Entscheidungen, die freilich kein ganz widerspruchsfreies Rechtsprechungsbild ergeben, zu einschlägigen Interpretationsfragen Stellung genommen, vgl. die Stichworte im Sachregister bei *R. Weber-Fas*, Höchstrichterliche Rechtsprechung zu internationalen Doppelbesteuerungsabkommen (HR-DBA), 1978, Bd. II, S. 367–370. – Siehe auch den instruktiven Bericht von *H.-W. Bayer*, Das Völkerrecht in der Rechtsprechung des Bundesfinanzhofs, StuW 1981, S. 61 ff. Mit Recht beklagt der Autor (S. 62, Fn. 5), daß die internationalen DBA weder in den völkerrechtlichen noch in den steuerrechtlichen Lehrbüchern bisher adäquat berücksichtigt wurden, teilweise nicht einmal als Stichwort.

[337] Siehe dazu etwa *R. Bernhardt*, Die Auslegung völkerrechtlicher Verträge insbesondere in der neueren Rechtsprechung internationaler Gerichte, 1963: *H. Lauterpacht*, Some Observations on Preparatory Work in the Interpretation of Treaties, Harvard Law Review 48 (1934/35), S. 549 ff.; *A. Makarov*, Zur Auslegung mehrsprachiger Staatsverträge, Rec. en hommage à P. Guggenheim, 1968, S. 403 ff.; *A. D. McNair*, The Law of Treaties, Oxford 1961; *W. Rudolf*, Die Sprache in der Diplomatie und in internationalen Verträgen, 1972.

[338] So die wohl überwiegende Völkerrechtslehre, die im übrigen zahlreiche und vielfach kontroverse Varianten der Auslegungstheorie aufweist. Siehe auch *R. Bernhardt*, a.a.O., S. 22.

[339] Dabei ist, wie der BFH mit Recht betont, die einseitige subjektive Vorstellung des

Völkerrechtsdoktrin allgemein anerkannt ist, klassischer Tradition gemäß in spezifischer Weise unter dem Gebot von Treu und Glauben. Dies kommt auch in der „General rule of interpretation" der Wiener Vertragsrechtskonvention[340] zum Ausdruck, wo es heißt: „Ein Vertrag ist nach Treu und Glauben auszulegen, entsprechend der üblichen Bedeutung, die den Begriffen des Vertrags in ihrem Zusammenhang und unter Berücksichtigung seines Zieles und Zwecks beizulegen ist" (Art. 31 Abs. 1). Daß Verträge bona fide zu interpretieren sind, widerspricht nur scheinbar dem empirischen Befund, wonach sich die Praxis der Rechtsanwendung sehr selten auf den Grundsatz von Treu und Glauben ausdrücklich beruft. Vielmehr ist das Prinzip der bona fides in einer Reihe spezieller Auslegungsregeln[341] konkretisiert worden, die einen expliziten Rückgriff auf den maßgebenden obersten Grundsatz meist erübrigen.

Im übrigen gelten – cum grano salis wie bei der Auslegung unilateraler Gesetzestexte – auch für die Interpretation geschriebener Völkerrechtsverträge die Methoden der grammatischen, der systematischen und der teleologischen Auslegung[342]. Weil es primär auf die Ermittlung des objektiven Vertragssinns ankommt, sind subjektiv-historische Erkenntnisquellen nur in zweiter Linie als zusätzliche Auslegungsmittel verwertbar[343].

Da der Vertragstext den Gegenstand der Auslegung des Willens der Vertragsparteien bildet, ist der Wortlaut des Vertrages Grundlage und Ausgangspunkt der Interpretation. Die Vertragstextbezogenheit der

---

deutschen Vertragspartners bzw. die subjektive Vorstellung des BdF nicht ausschlaggebend, siehe HR-DBA II, S. 196, 199; 210, 213.

340 Wiener Konvention über das Recht der Verträge v. 23. 5. 1969; authentischer Wortlaut: United Nations Conference on the Law of Treaties, Off. Rec. Documents of the Conference (UN. Doc. A/CONF. 39/41 Add. 2) New York 1971, S. 287ff.; Dt. Übersetzung: Jahrbuch für Internationales Recht, Bd. 15 (1971), S. 725ff.

341 So z.B. in den Maximen, daß den Vertragsbestimmungen eine sinnvolle Bedeutung beizulegen ist oder daß von mehreren möglichen Auslegungen die zur Erreichung des Vertragszwecks am besten geeignete den Vorzug verdient.

342 So im Ergebnis auch *W. Rudolf*, Völkerrecht, in: R. Weber-Fas (Hg.), Jurisprudenz, 1978, S. 603, 613.

343 Nach Art. 32 der Wiener Vertragsrechtskonvention (Fundstelle Fn. 340) kann auf zusätzliche Auslegungsmittel einschließlich der Materialien des Vertrags und der Umstände seines Abschlusses zurückgegriffen werden, um den Sinn, der sich aus der Anwendung des Art. 31 (sc. Auslegung nach Wortlaut, Zusammenhang und Zweck) ergibt, zu bestätigen oder um den Sinn festzulegen, wenn die Auslegung nach Art. 31 den Sinn zweideutig oder undeutlich läßt oder zu einem Resultat führt, das offenbar absurd oder unvernünftig ist.

Auslegung – im Unterschied zu der von einem Teil der Völkerrechtsdoktrin[344] betonten Ermittlung des vom Text losgelösten Parteiwillens – erscheint vor allem deshalb geboten, weil die Vertragsparteien sich völkerrechtlich nur soweit binden wollen, wie der rechtsordnungsgemäß unterzeichnete und ratifizierte Vertragstext reicht. Für die Wortlautinterpretation sind die von den Parteien im Vertrag formulierten Ausdrücke grundsätzlich in dem Sinne aufzufassen, der ihnen nach der üblichen Wortbedeutung zur Zeit des Vertragsschlusses[345] zukommt. Die aus dem klassischen Völkerrecht stammende[346], seither bis heute nicht selten als Argument gebrauchte Regel „in claris non fit interpretatio" ist freilich ein Zirkelschluß; ob ein klarer Text vorliegt, ist notwendigerweise eine Frage der sprachlichen Auslegung. Immerhin kann diese Maxime[347], wie es in der Praxis vielfach geschieht, so verstanden werden, daß die Interpretation eines Vertragstextes, der nach normalem Sprachgebrauch klar erscheint und zu eindeutigen, nicht widersinnigen Resultaten führt, den Rückgriff auf weitere Auslegungsmittel verbietet. Bei der grammatischen Auslegung des Vertrages aus sich selbst heraus sind die strittigen Worte nicht isoliert, sondern im Kontext des jeweiligen Satzes, Absatzes und Artikels zu interpretieren.

Führt diese Auslegung nach dem Wortlaut nicht zu eindeutigen Ergebnissen, so ist der – primär aus dem Vertragstext zu ermittelnde – Parteiwille[348] gemäß den Kriterien der systematischen und teleologischen Interpretation festzustellen.

Systematische Auslegung heißt, daß der Interpret einer sprachlich mehrdeutigen Vertragsvorschrift den normativen Sinn aus dem Zusammenhang des gesamten Vertragswerks zu erforschen sucht. Zum auslegungsrelevanten Kontext gehören nicht nur die Abkommensurkunde

---

[344] Wie etwa *C. C. Hyde*, International Law, Chiefly as Interpreted and Applied by the United States, 2nd ed. Boston 1945, Vol. 2, S. 1470; *A. D. McNair*, The Law of Treaties, Oxford 1961, S. 365f.

[345] Auf diesen im Zweifel maßgeblichen Zeitpunkt hebt auch der IGH ab, siehe ICJ Reports 1952, S. 176, 189.

[346] Wohl zuerst formuliert von *E. de Vattel*, Le droit des gens au principes de la loi naturelle, 1758, Nachdruck in: The Classics of International Law, 1916.

[347] In der Rechtsprechung Belgiens wird der Satz „Interpretatio nunquam admittitur in claris" eher so praktiziert, daß es dem Richter nicht zusteht, unter dem Vorwand der Auslegung einen Gesetzestext zu vervollständigen oder zu verbessern, vgl. *J. van Houtte*, Auslegungsgrundsätze im internen und im internationalen Steuerrecht, Amsterdam 1968, S. 7.

[348] Rein formale Regeln wie z. B. Analogieschluß und argumentum e contrario sind meist wenig sachdienlich, im übrigen in der völkerrechtlichen Auslegungslehre nicht allgemein anerkannt, vgl. *R. Bernhardt*, Die Auslegung völkerrechtlicher Verträge, 1963, S. 43.

einschließlich der Präambel, sondern auch alle vertragstextbezogenen bilateralen Dokumente, insbesondere Protokolle, Notenwechsel und offizielle Anlagen zum Vertrag[349]. Die Auslegung aus dem Gesamtzusammenhang nimmt darauf Bedacht, daß die einzelnen Vertragsvorschriften, die in einem inneren Sinngefüge stehen, miteinander in Konkordanz bleiben. Dabei ist zu vermuten, daß gleichlautende Ausdrücke an verschiedenen Stellen des Vertrags in der Regel eine identische Bedeutung haben[350]. Die gebotene systematische Berücksichtigung des weiteren Vertragszusammenhangs[351], des Abkommens in seiner Gesamtheit und insbesondere seiner Grundgedanken zeigt, daß – ebensowenig wie bei der Interpretation rein innerstaatlicher Gesetze – eine scharfe Trennung der verschiedenen Auslegungstechniken möglich ist. Der Blick auf den Gesamtinhalt, auf die Struktur und auf die „Philosophie" des Vertrages richtet sich zugleich auf dessen Sinn und Zweck und wird damit schon zu einem Stück teleologischer Auslegung.

Die Interpretation nach dem Sinn und Zweck („object and purpose") als dem ausschlaggebenden Kriterium bei mehrdeutigem Text des Vertrages soll primär versuchen, den Telos der Norm dem Vertrage selbst zu entnehmen.

In Betracht zu ziehen sind dabei Präambel, Grundsatzartikel und Spezialvorschriften des Vertragstextes, aber auch eine Würdigung des Vertragswerks im ganzen ist von Bedeutung. Erst subsidiär – und zur Vermeidung eines hermeneutischen Zirkels[352], der bei strikt textueller Auslegung möglich ist – kann zur Feststellung des Parteiwillens nach der hier vertretenen gemäßigt objektiven Auslegungsdoktrin auf Erkenntnisquellen außerhalb des Vertragstextes zurückgegriffen werden. Da der Vertragszweck grundsätzlich aus dem Vertragstext herauszuinterpretieren ist, sind subjektiv-historische Deutungshilfen nur in Ausnahmefällen

---

349 Nach Art. 31 Abs. 3 der Wiener Vertragsrechtskonvention (Fn. 340) ist neben dem Zusammenhang u.a. auch zu berücksichtigen jede nachfolgende Vereinbarung zwischen den Parteien hinsichtlich der Auslegung des Vertrages oder der Anwendung seiner Bestimmungen sowie ferner jede nachfolgende Praxis in der Anwendung des Vertrages, die die Übereinstimmung der Parteien hinsichtlich der Auslegung zum Ausdruck bringt.

350 Vgl. dazu die Entscheidung des Ständigen Internationalen Gerichtshofs, in: C. P. J. I. Serie A/B N° 70, S. 24.

351 Dies entspricht ständiger Rechtsprechung internationaler Gerichte, bereits der C.P.J.I. (Series B, N° 2, S. 23) hat betont, „that the Treaty must be read as a whole, and that its meaning is not to be determined merely upon particular phrases which, if detached from the context, may be interpreted in more than one sense".

352 Siehe dazu *H. F. Köck*, Vertragsinterpretation und Vertragsrechtskonvention, 1976, S. 89.

und auch dann nur begrenzt zulässig. Innerhalb der teleologischen Auslegung ist im übrigen sowohl eine extensive wie eine restriktive Vertragsinterpretation statthaft[353]. Mit Rücksicht auf die Gestaltungsfreiheit der Vertragsparteien – sie können Sonderbestimmungen kontrahieren, die von der grundsätzlichen Zielrichtung des Vertrags abweichen – darf indessen auch die teleologische Auslegung nicht gegen den eindeutigen Wortlaut der konkreten Vertragsvorschrift verstoßen.

Soweit die subjektiv-historische Auslegung zulässig ist, können entsprechend völkerrechtlichem Brauch[354] zur Feststellung des Vertragswillens hilfsweise die Materialien des Vertrages und die Umstände des Vertragsabschlusses herangezogen werden. Der – freilich nicht schon bei einem bloß wenig befriedigenden Ergebnis der Vertragstextauslegung statthafte – Rückgriff auf außertextliche Erkenntnishilfen[355] bezieht sich insbesondere auf die vertraglichen Vorarbeiten (traveaux préparatoires). Zu diesen „supplementary means of interpretation" rechnen insbesondere offizielle Erklärungen der Beteiligten, die den abzuschließenden Vertrag zum Gegenstand haben. Insoweit sind, mit der gebotenen Vorsicht, interpretative Schlüsse möglich aus unwidersprochenen Äußerungen maßgeblicher Unterhändler[356] gegenüber der anderen Vertragspartei oder aus der Ablehnung bestimmter Formulierungsvorschläge seitens der Verhandlungskontrahenten oder aus übereinstimmenden amtlichen Begründungen beider Seiten zu den Vertragsgesetzen. Außer diesen Materialien und den ebenfalls relevanten Umständen im Kontext des Vertragsschlusses kann bei der – ausnahmsweise zulässigen – genetischen Auslegung auch die ständige Vertragspraxis der beteiligten Staaten mitberücksichtigt werden. Dabei darf freilich nicht außer acht gelassen werden, daß der konkrete Vertrag – ein individuell ausgehandeltes Regelwerk im bilateralen Verhältnis – von der regelmäßig verfolgten Abkommenslinie aus besonderen Gründen bewußt abweichen kann.

---

[353] Näheres bei *C. de Visscher*, Problèmes d'interprétation judiciaire en droit international public, Paris 1963, S. 87.

[354] Jetzt ausdrücklich niedergelegt in Art. 32 WVK (Fn. 340).

[355] Freilich kann es auch Fälle geben, wo weder textliche noch außertextliche Auslegungsmittel weiterhelfen, namentlich dann, wenn die Parteien ihre fehlende Einigung durch einen Formelkompromiß in Gestalt bewußt vager Formulierungen verschleiert haben.

[356] Da es hier auf die Haltung beider Vertragsparteien ankommt und nicht bloß auf einseitige Äußerungen, begegnet es grundsätzlichen Bedenken, wenn der BFH (HR-DBA II, S. 24) die literarische Äußerung eines bevollmächtigten Unterhändlers für die Feststellung des Parteiwillens als besonders relevant wertet.

Größte Vorsicht geboten ist schließlich mit rein formalen Erwägungen juristischer Logik, wie etwa dem Umkehrschluß oder dem Analogieschluß. Grundsätzlich gilt für vertraglich nicht geregelte Fragen das Völkergewohnheitsrecht und bei dessen Schweigen die Freiheit der Vertragsstaaten.

Da die lex specialis-Regel als allgemeiner Rechtsgrundsatz auch im Völkerrecht anerkannt ist[357], gehen innerhalb eines Vertrages Spezialbestimmungen – sie sind aber nach überwiegender Auffassung im Zweifel einschränkend zu interpretieren – den allgemeinen Vorschriften und Prinzipien desselben Abkommens vor.

Nicht ganz zweifelsfrei ist der oft zitierte Satz, daß Völkerrechtsverträge restriktiv auszulegen seien, soweit sie – wie dies bei den DBA cum grano salis der Fall ist – Rechtsverzichte der Staaten begründen und damit die staatliche „Souveränität" schmälern[358]. Doch wird man dieser Maxime als subsidiärem Interpretationsmittel eine gewisse Bedeutung nicht absprechen können[359].

Außer dieser in dubio mitius-Maxime[360] seien aus der Rechtsprechung internationaler Gerichte noch folgende Auslegungsregeln hervorgehoben: Nach dem ut res magis valeat quam pereat-Grundsatz[361] darf eine Interpretation nicht dazu führen, den Vertrag oder einzelne Vertragsteile ihrer vollen Wirksamkeit zu berauben. – Die Auslegungsmaxime contra proferentem[362] soll es rechtfertigen, unklare Vertragsformulierungen zu Lasten dessen zu interpretieren, der sie vorgeschlagen hat. –

Schließlich ist wiederholt betont worden[363], zweifelhafte Vertragsvor-

---

[357] Vgl. Ständiger Internationaler Gerichtshof, C. P. J. I., Séries N°s 20/21, S. 30.

[358] Anders wohl *I. Seidl-Hohenveldern* (Völkerrecht, 2. Aufl., 1969, S. 71), der es für einen „Hauptgrundsatz der völkerrechtlichen Auslegungslehre" hält, daß . . . „Einschränkungen der Souveränität nicht vermutet werden".

[359] In diesem Sinne unter Berufung auf die neuere Rechtsprechung auch *A. Bleckmann*, Grundgesetz und Völkerrecht, 1975, S. 47.

[360] Daß Einschränkungen der staatlichen Freiheit im Zweifel restriktiv auszulegen sind, belegen insbesondere die Entscheidungen des StIGH im Lotus-Fall („Restrictions upon the independence of States cannot . . . be presumed", Series A, N° 10, S. 18) und im Mossul-Fall („If the wording of the treaty privision is not clear, in choosing between several admissible interpretations, the one which involves the minimum of obligations for the Parties should be adopted", Series B, N° 12, S. 25).

[361] Diese „effet-utile"-Regel gestattet es freilich nicht, dem Parteiwillen einen Sinn zu geben, der von Wortlaut und Geist des Vertrages nicht mehr gedeckt wird, vgl. StIGH im Wimbledon-Fall, Series A, N° 1, S. 19.

[362] Nach der Entscheidung des StIGH im Brazilian Loans-Fall ist es „une règle bien connue . . . que, là où l'on constate une ambiguité, il faut les prendre contra proferentem" (Series A, N° 21, S. 114).

[363] So zuletzt der IGH im Namibia-Gutachten, ICJ-Reports 1971, S. 47.

schriften seien völkerrechtskonform auszulegen, und zwar im Sinne der allgemeinen Regeln des Völkerrechts und der besonderen Prinzipien, die das Sachgebiet beherrschen, zu dem der konkrete Vertrag gehört.

c) Sonderaspekte der DBA-Auslegung

Die Interpretation der in deutsches Recht transformierten DBA richtet sich grundsätzlich nach den oben dargelegten, für Steuergesetze und Staatsverträge[364] allgemein geltenden Auslegungsmaximen. Dabei sind einige spezielle Regeln[365] zu beachten, deren Berücksichtigung nicht zuletzt der Rechtssicherheit auf dem Gebiet zwischenstaatlicher Steuerbeziehungen dient. Im wesentlichen geht es bei der innerstaatlichen Anwendung von DBA-Normen als speziellem Völkerrecht um die – in Anlehnung an Art. 3 Abs. 2 des OECD-Modells 1963 in die neueren Steuerverträge regelmäßig aufgenommene – besondere Klausel, daß, wenn der Zusammenhang nichts anderes erfordert, jeder im DBA nicht anders definierte Ausdruck die Bedeutung hat, die ihm nach dem einschlägigen nationalen Steuerrecht zukommt[366]. Diese steuervertragsrechtliche Vorschrift ist im Lichte der staatsrechtlichen und völkerrechtlichen Darlegungen der vorliegenden Untersuchung so zu verstehen, daß für den Rechtsanwender in erster Linie die authentische Interpretation eines DBA-Begriffs durch das DBA selbst maßgebend ist. Fehlt es an einer einschlägigen Definition im Vertragstext[367], so ist die Auslegung aus dem Kontext des gesamten Vertrages unter Berücksichtigung von dessen

---

[364] Daß bei der innerstaatlichen Anwendung eines zwischenstaatlichen Vertrages die für die Interpretation völkerrechtlicher Abkommen allgemein geltenden Grundsätze zum Zuge kommen, hat das BVerfG bereits in einer früheren Entscheidung ausgesprochen (E 4, S. 157, 168).

[365] Siehe dazu *H. Debatin*, Qualifikationsprobleme im Doppelbesteuerungsrecht, FR 1979, S. 493ff.; *A. Spitaler*, Die Auslegung der Doppelbesteuerungsabkommen Cahier de droit fiscal international, vol. XLII (1960) S. 165ff.; *H. Vogel*, Aktuelle Fragen bei der Auslegung von Doppelbesteuerungsabkommen, BB 1978, S. 1021ff.

[366] In diesem Sinne auch die Auslegungsregel des OECD-Modells 1977: „As regards the application of the Convention by a Contracting State any term not defined therein shall, unless the context otherwise requires, have the meaning which it has under the law of the State concerning the taxes to which the Convention applies" (Art. 3 II, Model Double Taxation Convention on Income and on Capital, Report of the OECD-Committee on Fiscal Affairs, Paris, OECD 1977).

[367] Es ist ein großer Fortschritt im Sinne der Vertragsrechtssicherheit, daß die neueren DBA in erheblichem Umfang Legaldefinitionen (Konventionaldefinitionen) treffen, die teils en bloc den materiellen Zuordnungsnormen vorangestellt, teils in diese Vorschriften gesondert aufgenommen sind (vgl. etwa die Definitionen in Art. 3 I, Art. 4, Art. 5, Art. 10 III, Art. 11 III, Art. 12 III des OECD-Modells 1963).

Sinn und Zweck vorzunehmen. Erst wenn diese Interpretationsschritte zu keinem eindeutigen Ergebnis führen, wird subsidiär der Rückgriff auf das nationale Steuerrecht des Interpreten zulässig.

Dieser – auch ohne ausdrückliche Vertragsklausel bestehende, aus der hier vertretenen Transformationslehre folgende – Vorrang der Auslegung aus dem Abkommen selbst wurde in der früheren deutschen Finanzrechtsprechung nur unvollkommen erkannt. Insbesondere jene höchstrichterlichen Entscheidungen, die beim Fehlen von Abkommensdefinitionen – unter Überspringen der alsdann gebotenen Sinnermittlung aus dem System und dem Telos des Vertrages – ohne weiteres auf das nationale Recht zurückgreifen[368], werden dem völkerrechtlichen Charakter der deutschen DBA nicht gerecht. Die neuere Rechtsprechung des Bundesfinanzhofs hat indessen eine völkerrechtsfreundliche Wendung genommen. Dies kommt in dem grundsätzlich richtigen, inzwischen durch eine Reihe von Entscheidungen gefestigten Ansatz zum Ausdruck, daß die Heranziehung des innerstaatlichen Rechts erst zulässig ist, wenn es nicht gelingt, die im DBA nicht definierten Begriffe mittels Auslegung aus dem Sinnzusammenhang des DBA zu bestimmen[369]. Es liegt auf der Hand, daß jeder Rückgriff auf das nationale Steuerrecht bei der Auslegung internationaler Steuerverträge in besonderem Maße die Gefahr mit sich bringt, durch divergierende Auslegungsergebnisse im bilateralen Verhältnis sogenannte Qualifikationskonflikte[370] zu bewirken und damit Doppelbesteuerungen[371] bestehen zu lassen, deren Vermeidung gerade Hauptzweck der zwischen-

---

[368] Noch in der Entscheidung v. 20. 1. 1959 (HR-DBA I, S. 5, 11, 15) scheint der BFH der Auffassung des BdF ausdrücklich zuzustimmen, daß es „für die Auslegung der in DBA nicht bestimmten Begriffe . . . allein auf das nationale Recht (ankommt)".

[369] Siehe etwa BFH v. 15. 1. 1971, HR-DBA I, S. 335, 339. – Die internationalrechtliche Eigenständigkeit der DBA-Normen und die Notwendigkeit der Auslegung primär aus dem DBA selbst betont ausdrücklich und mit Recht insbesondere auch die Entscheidung v. 15. 6. 1973, HR-DBA II, S. 118, 121.

[370] Zum Grundsätzlichen vgl. *K. Vogel*, Qualifikationsfragen im Internationalen Verwaltungsrecht, AöR 84 (1959), S. 54ff. – Der aus dem französischen IPR des ausgehenden 19. Jahrhunderts herkommende Begriff „Qualifikation" hat bis heute, auch im IStR, durch ungezählte theoretische Varianten und Kontroversen soviel Verwirrung erzeugt, daß man sich an das Bonmot eines unbekannten französischen Gelehrten erinnert fühlt: „Un combat des nègres, le soir, dans un tunnel".

[371] Dieser Mißlichkeit wäre selbst dann nur begrenzt zu steuern, wenn man (mit *K. Vogel*, Der räumliche Anwendungsbereich der Verwaltungsrechtsnorm, 1965, S. 355, Fn. 76) in diesen Fällen das deutsche Steuerrecht nach der Maxime auslegte: „in dubio contra duplicem impositionem".

staatlichen DBA ist. Ein nur unvollkommenes Instrument zur Lösung derartiger Konflikte ist das in den neueren DBA regelmäßig vorgesehene Verständigungsverfahren[372], das es den zuständigen Behörden der Vertragsstaaten ermöglicht, eine übereinstimmende Vertragsauslegung zu erreichen[373].

Schließlich sind die – völkerrechtskonform[374] zu interpretierenden – deutschen DBA, wie Staatsverträge überhaupt, verfassungskonform auszulegen. Dies bedeutet, daß, wenn völkervertragsrechtlich verschiedene Interpretationen möglich sind, diejenige Auslegung Vorrang hat, bei welcher der Vertrag vor dem Grundgesetz bestehen kann[375]. Der Interpret darf davon ausgehen, daß die zum Abschluß völkerrechtlicher Verträge zuständigen Staatsorgane keine grundgesetzwidrigen internationalen Rechtsverpflichtungen eingehen wollten.

---

[372] Dazu *K. Tipke*, Verständigungsverfahren: Rechtsanspruch auf Beseitigung der Folgen einer Doppelbesteuerung oder bloßer Rechtsreflex? AWD 1972, S. 589f.

[373] Siehe Art. 25 OECD-Modell 1963 (Abs. 3: „Die zuständigen Behörden der Vertragsstaaten werden sich bemühen, Schwierigkeiten oder Zweifel, die bei der Auslegung oder Anwendung des Abkommens entstehen, in gegenseitigem Einvernehmen zu beseitigen").

[374] Der Fragenkreis der Auslegung von DBA und der Schaffung einer besonderen internationalen Gerichtsbarkeit hat, ohne daß bis heute wesentliche Fortschritte erkennbar wären, auch die Gremien und Kongresse der International Fiscal Association wiederholt beschäftigt und bildete ein Hauptthema des IFA-Kongresses Zürich 1951. Die damals gefaßte Resolution empfiehlt u.a. die Einsetzung gemischter Kommissionen, die für die beteiligten Staaten in bestimmten Fällen der Doppelbesteuerung eine Regelung treffen sollen; eine obligatorische Schiedsgerichtsklausel in den DBA, wonach die beteiligten Staaten den Sinn streitiger Bestimmungen durch einen Schiedsrichter klären lassen sollen; die Errichtung eines obersten internationalen Steuergerichts, das nach Erschöpfung des innerstaatlichen Rechtswegs bindend entscheiden soll (vgl. Themen und Resolutionen der IFA-Kongresse 1939–1967, ed. Dt. Vereinigung für Internationales Steuerrecht, 1967). – Für die Errichtung eines internationalen Gerichts plädierte bereits *P. Guggenheim*, L'imposition des successions en droit international et le problème de la double imposition, Genf 1928, S. 128; vgl. zu dieser Problematik auch *O. Bühler*, Prinzipien des Internationalen Steuerrechts, Amsterdam 1964, S. 40ff.; *E. Menzel*, DÖV 1969, S. 13; *W. Mersmann*, StuW 1966, Sp. 321, 323, 340; *A. Spitaler*, StuW 1950, Sp. 803.

[375] So auch das BVerfG im Urteil zum Abkommen über das Saarstatut, BVerfGE 4, S. 157, 168.

Anlage I

OECD-Musterabkommen 1963

Zur Vermeidung der Doppelbesteuerung
des Einkommens und des Vermögens

ABSCHNITT I. Geltungsbereich des Abkommens

Art. 1 Persönlicher Geltungsbereich

Dieses Abkommen gilt für Personen, die in einem Vertragstaat oder in beiden Vertragstaaten ansässig sind.

Art. 2 Unter das Abkommen fallende Steuern

1. Dieses Abkommen gilt, ohne Rücksicht auf die Art der Erhebung, für Steuern vom Einkommen und vom Vermögen, die für Rechnung eines der beiden Vertragstaaten oder seiner Gebietskörperschaften erhoben werden.

2. Als Steuern vom Einkommen und vom Vermögen gelten alle Steuern, die vom Gesamteinkommen, vom Gesamtvermögen oder von Teilen des Einkommens oder des Vermögens erhoben werden, einschließlich der Steuern vom Gewinn aus der Veräußerung beweglichen oder unbeweglichen Vermögens, der Lohnsummensteuern sowie der Steuern vomVermögenszuwachs.

3. Zu den zur Zeit bestehenden Steuern, für die das Abkommen gilt, gehören insbesondere

a) in (Staat A): . . .

b) in (Staat B): . . .

4. Das Abkommen gilt auch für alle Steuern gleicher oder ähnlicher Art, die künftig neben den zur Zeit bestehenden Steuern oder an deren Stelle erhoben werden. Die zuständigen Behörden der Vertragstaaten teilen einander am Ende eines jeden Jahres die in ihren Steuergesetzen eingetretenen Änderungen mit.

ABSCHNITT II. Definitionen

Art. 3 Allgemeine Definitionen

1. Im Sinne dieses Abkommens, wenn der Zusammenhang nichts anderes erfordert:

a) bedeuten die Ausdrücke „ein Vertragstaat“ und „der andere Vertragstaat“, je nach dem Zusammenhang, (Staat A) oder (Staat B);

Quelle: Bundesanzeiger (Bundesminister der Finanzen).

b) umfaßt der Ausdruck „Person" natürliche Personen, Gesellschaften und alle anderen Personenvereinigungen;

c) bedeutet der Ausdruck „Gesellschaft" juristische Personen oder Rechtsträger, die für die Besteuerung wie juristische Personen behandelt werden;

d) bedeuten die Ausdrücke „Unternehmen eines Vertragstaates" und „Unternehmen des anderen Vertragstaates", je nachdem, ein Unternehmen, das von einer in einem Vertragstaat ansässigen Person betrieben wird, oder ein Unternehmen, das von einer in dem anderen Vertragstaat ansässigen Person betrieben wird;

e) bedeutet der Ausdruck „zuständige Behörde"

1) in (Staat A) . . .

2) in (Staat B) . . .

2. Bei Anwendung des Abkommens durch einen Vertragstaat hat, wenn der Zusammenhang nichts anderes erfordert, jeder nicht anders definierte Ausdruck die Bedeutung, die ihm nach dem Recht dieses Staates über die Steuern zukommt, welche Gegenstand des Abkommens sind.

Art. 4 Steuerlicher Wohnsitz

1. Im Sinne dieses Abkommens bedeutet der Ausdruck „eine in einem Vertragstaat ansässige Person" eine Person, die nach dem Recht dieses Staates dort auf Grund ihres Wohnsitzes, ihres ständigen Aufenthalts, des Ortes ihrer Geschäftsleitung oder eines anderen ähnlichen Merkmals steuerpflichtig ist.

2. Ist nach Absatz 1 eine natürliche Person in beiden Vertragstaaten ansässig, so gilt folgendes:

a) Die Person gilt als in dem Vertragstaat ansässig, in dem sie über eine ständige Wohnstätte verfügt. Verfügt sie in beiden Vertragstaaten über eine ständige Wohnstätte, so gilt sie als in dem Vertragstaat ansässig, zu dem sie die engeren persönlichen und wirtschaftlichen Beziehungen hat (Mittelpunkt der Lebensinteressen).

b) Kann nicht bestimmt werden, in welchem Vertragstaat die Person den Mittelpunkt der Lebensinteressen hat, oder verfügt sie in keinem der Vertragstaaten über eine ständige Wohnstätte, so gilt sie als in dem Vertragstaat ansässig, in dem sie ihren gewöhnlichen Aufenthalt hat.

c) Hat die Person ihren gewöhnlichen Aufenthalt in beiden Vertragstaaten oder in keinem der Vertragstaaten, so gilt sie als in dem Vertragstaat ansässig, dessen Staatsangehörigkeit sie besitzt.

d) Besitzt die Person die Staatsangehörigkeit beider Vertragstaaten oder keines Vertragstaates, so regeln die zuständigen Behörden der Vertragstaaten die Frage in gegenseitigem Einvernehmen.

3. Ist nach Absatz 1 eine andere als eine natürliche Person in beiden Vertragstaaten ansässig, so gilt sie als in dem Vertragstaat ansässig, in dem sich der Ort ihrer tatsächlichen Geschäftsleitung befindet.

Art. 5 Betriebstätte

1. Im Sinne dieses Abkommens bedeutet der Ausdruck „Betriebstätte" eine feste Geschäftseinrichtung, in der die Tätigkeit des Unternehmens ganz oder teilweise ausgeübt wird.

2. Der Ausdruck „Betriebstätte" umfaßt insbesondere:

a) einen Ort der Leitung,

b) eine Zweigniederlassung,

c) eine Geschäftsstelle,

d) eine Fabrikationsstätte,

e) eine Werkstätte,

f) ein Bergwerk, einen Steinbruch oder eine andere Stätte der Ausbeutung von Bodenschätzen,

g) eine Bauausführung oder Montage, deren Dauer zwölf Monate überschreitet.

3. Als Betriebstätten gelten nicht:

a) Einrichtungen, die ausschließlich zur Lagerung, Ausstellung oder Auslieferung von Gütern oder Waren des Unternehmens benutzt werden;

b) Bestände von Gütern oder Waren des Unternehmens, die ausschließlich zur Lagerung, Ausstellung oder Auslieferung unterhalten werden;

c) Bestände von Gütern oder Waren des Unternehmens, die ausschließlich zu dem Zweck unterhalten werden, durch ein anderes Unternehmen bearbeitet oder verarbeitet zu werden;

d) eine feste Geschäftseinrichtung, die ausschließlich zu dem Zweck unterhalten wird, für das Unternehmen Güter oder Waren einzukaufen oder Informationen zu beschaffen;

e) eine feste Geschäftseinrichtung, die ausschließlich zu dem Zweck unterhalten wird, für das Unternehmen zu werben, Informationen zu erteilen, wissenschaftliche Forschung zu betreiben oder ähnliche Tätigkeiten auszuüben, die vorbereitender Art sind oder eine Hilfstätigkeit darstellen.

4. Ist eine Person – mit Ausnahme eines unabhängigen Vertreters im Sinne des Absatzes 5 – in einem Vertragstaat für ein Unternehmen des anderen Vertragstaates tätig, so gilt eine in dem erstgenannten Staat gelegene Betriebstätte als gegeben, wenn die Person eine Vollmacht besitzt, im Namen des Unternehmens Verträge abzuschließen, und die Vollmacht in diesem Staat gewöhnlich ausübt, es sei denn, daß sich ihre Tätigkeit auf den Einkauf von Gütern oder Waren für das Unternehmen beschränkt.

5. Ein Unternehmen eines Vertragstaates wird nicht schon deshalb so behandelt, als habe es eine Betriebstätte in dem anderen Vertragstaat, weil es dort seine Tätigkeit durch einen Makler, Kommissionär oder einen anderen unabhängigen Vertreter ausübt, sofern diese Personen im Rahmen ihrer ordentlichen Geschäftstätigkeit handeln.

6. Allein dadurch, daß eine in einem Vertragstaat ansässige Gesellschaft eine Gesellschaft beherrscht oder von einer Gesellschaft beherrscht wird, die in dem

anderen Vertragstaat ansässig ist oder dort (entweder durch eine Betriebstätte oder in anderer Weise) ihre Tätigkeit ausübt, wird eine der beiden Gesellschaften nicht zur Betriebstätte der anderen.

ABSCHNITT III. Besteuerung des Einkommens

Art. 6 Einkünfte aus unbeweglichem Vermögen

1. Einkünfte aus unbeweglichem Vermögen können in dem Vertragstaat besteuert werden, in dem dieses Vermögen liegt.

2. Der Ausdruck „unbewegliches Vermögen" bestimmt sich nach dem Recht des Vertragstaates, in dem das Vermögen liegt. Der Ausdruck umfaßt in jedem Fall das Zubehör zum unbeweglichen Vermögen, das lebende und tote Inventar land- und forstwirtschaftlicher Betriebe, die Rechte, auf die die Vorschriften des Privatrechts über Grundstücke Anwendung finden, die Nutzungsrechte an unbeweglichem Vermögen sowie die Rechte auf veränderliche oder feste Vergütungen für die Ausbeutung oder das Recht auf Ausbeutung von Mineralvorkommen, Quellen und anderen Bodenschätzen; Schiffe und Luftfahrzeuge gelten nicht als unbewegliches Vermögen.

3. Absatz 1 gilt für die Einkünfte aus der unmittelbaren Nutzung, der Vermietung oder Verpachtung sowie jeder anderen Art der Nutzung unbeweglichen Vermögens.

4. Die Absätze 1 und 3 gelten auch für Einkünfte aus unbeweglichem Vermögen eines Unternehmens und für Einkünfte aus unbeweglichem Vermögen, das der Ausübung eines freien Berufes dient.

Art. 7 Unternehmensgewinne

1. Gewinne eines Unternehmens eines Vertragstaates können nur in diesem Staat besteuert werden, es sei denn, daß das Unternehmen seine Tätigkeit im anderen Vertragstaat durch eine dort gelegene Betriebstätte ausübt. Übt das Unternehmen seine Tätigkeit in dieser Weise aus, so können die Gewinne des Unternehmens in dem anderen Staat besteuert werden, jedoch nur insoweit, als sie dieser Betriebstätte zugerechnet werden können.

2. Übt ein Unternehmen eines Vertragstaates seine Tätigkeit in dem anderen Vertragstaat durch eine dort gelegene Betriebstäte aus, so sind in jedem Vertragstaat dieser Betriebstätte die Gewinne zuzurechnen, die sie hätte erzielen können, wenn sie eine gleiche oder ähnliche Tätigkeit unter gleichen oder ähnlichen Bedingungen als selbständiges Unternehmen ausgeübt hätte und im Verkehr mit dem Unternehmen, dessen Betriebstätte sie ist, völlig unabhängig gewesen wäre.

3. Bei der Ermittlung der Gewinne einer Betriebstätte werden die für diese Betriebstätte entstandenen Aufwendungen, einschließlich der Geschäftsführungs- und allgemeinen Verwaltungskosten, zum Abzug zugelassen, gleichgültig, ob sie in dem Staat, in dem die Betriebstätte liegt, oder anderswo entstanden sind.

4. Soweit es in einem Vertragstaat üblich ist, die einer Betriebstätte zuzurech-

nenden Gewinne durch Aufteilung der Gesamtgewinne des Unternehmens auf seine einzelnen Teile zu ermitteln, schließt Absatz 2 nicht aus, daß dieser Vertragstaat die zu besteuernden Gewinne nach der üblichen Aufteilung ermittelt; die Art der angewendeten Gewinnaufteilung muß jedoch so sein, daß das Ergebnis mit den Grundsätzen dieses Artikels übereinstimmt.

5. Auf Grund des bloßen Einkaufs von Gütern oder Waren für das Unternehmen wird einer Betriebstätte kein Gewinn zugerechnet.

6. Bei Anwendung der vorstehenden Absätze sind die der Betriebstätte zuzurechnenden Gewinne jedes Jahr auf dieselbe Art zu ermitteln, es sei denn, daß ausreichende Gründe dafür bestehen, anders zu verfahren.

7. Gehören zu den Gewinnen Einkünfte, die in anderen Artikeln dieses Abkommens behandelt werden, so werden die Bestimmungen jener Artikel durch die Bestimmungen dieses Artikels nicht berührt.

Art. 8 Seeschiffahrt, Binnenschiffahrt und Luftfahrt

1. Gewinne aus dem Betrieb von Seeschiffen oder Luftfahrzeugen im internationalen Verkehr können nur in dem Vertragstaat besteuert werden, in dem sich der Ort der tatsächlichen Geschäftsleitung des Unternehmens befindet.

2. Gewinne aus dem Betrieb von Schiffen, die der Binnenschiffahrt dienen, können nur in dem Vertragstaat besteuert werden, in dem sich der Ort der tatsächlichen Geschäftsleitung des Unternehmens befindet.

3. Befindet sich der Ort der tatsächlichen Geschäftsleitung eines Unternehmens der See- oder Binnenschiffahrt an Bord eines Schiffes, so gilt er als in dem Vertragstaat gelegen, in dem der Heimathafen des Schiffes liegt, oder, wenn kein Heimathafen vorhanden ist, in dem Vertragstaat, in dem die Person, die das Schiff betreibt, ansässig ist.

Art. 9 Verbundene Unternehmen

Wenn

a) ein Unternehmen eines Vertragstaates unmittelbar oder mittelbar an der Geschäftsleitung, der Kontrolle oder am Kapital eines Unternehmens des anderen Vertragstaates beteiligt ist, oder

b) dieselben Personen unmittelbar oder mittelbar an der Geschäftsleitung, der Kontrolle oder am Kapital eines Unternehmens eines Vertragstaates und eines Unternehmens des anderen Vertragstaates beteiligt sind,

und in diesen Fällen zwischen den beiden Unternehmen hinsichtlich ihrer kaufmännischen oder finanziellen Beziehungen Bedingungen vereinbart oder auferlegt werden, die von denen abweichen, die unabhängige Unternehmen miteinander vereinbaren würden, so dürfen die Gewinne, die eines der Unternehmen ohne diese Bedingungen erzielt hätte, wegen dieser Bedingungen aber nicht erzielt hat, den Gewinnen dieses Unternehmens zugerechnet und entsprechend besteuert werden.

Art. 10 Dividenden

1. Dividenden, die eine in einem Vertragstaat ansässige Gesellschaft an eine in dem anderen Vertragstaat ansässige Person zahlt, können in dem anderen Staat besteuert werden.

2. Diese Dividenden können jedoch in dem Vertragstaat, in dem die die Dividenden zahlende Gesellschaft ansässig ist, nach dem Recht dieses Staates besteuert werden; die Steuer darf aber nicht übersteigen:

a) 5 vom Hundert des Bruttobetrages der Dividenden, wenn der Empfänger eine Gesellschaft (ausgenommen eine Personengesellschaft) ist, die unmittelbar über mindestens 25 vom Hundert des Kapitals der die Dividenden zahlenden Gesellschaft verfügt;

b) 15 vom Hundert des Bruttobetrages der Dividenden in allen anderen Fällen. Die zuständigen Behörden der Vertragstaaten regeln in gegenseitigem Einvernehmen, wie diese Begrenzungsbestimmung durchzuführen ist.

Dieser Absatz berührt nicht die Besteuerung der Gesellschaft in bezug auf die Gewinne, aus denen die Dividenden gezahlt werden.

3. Der in diesem Artikel verwendete Ausdruck „Dividenden" bedeutet Einkünfte aus Aktien, Genußaktien oder Genußscheinen, Kuxen, Gründeranteilen oder anderen Rechten – ausgenommen Forderungen – mit Gewinnbeteiligung sowie aus sonstigen Gesellschaftsanteilen stammende Einkünfte, die nach dem Steuerrecht des Staates, in dem die ausschüttende Gesellschaft ansässig ist, den Einkünften aus Aktien gleichgestellt sind.

4. Die Absätze 1 und 2 sind nicht anzuwenden, wenn der in einem Vertragstaat ansässige Empfänger der Dividenden in dem anderen Vertragstaat, in dem die die Dividenden zahlende Gesellschaft ansässig ist, eine Betriebsstätte hat und die Beteiligung, für die die Dividenden gezahlt werden, tatsächlich zu dieser Betriebstätte gehört. In diesem Fall ist Artikel 7 anzuwenden.

5. Bezieht eine in einem Vertragstaat ansässige Gesellschaft Gewinne oder Einkünfte aus dem anderen Vertragstaat, so darf dieser andere Staat weder die Dividenden besteuern, die die Gesellschaft an nicht in diesem anderen Staat ansässige Personen zahlt, noch Gewinne der Gesellschaft einer Steuer für nichtausgeschüttete Gewinne unterwerfen, selbst wenn die gezahlten Dividenden oder die nichtausgeschütteten Gewinne ganz oder teilweise aus in dem anderen Staat erzielten Gewinnen oder Einkünften bestehen.

Art. 11 Zinsen

1. Zinsen, die aus einem Vertragstaat stammen und an eine in dem anderen Vertragstaat ansässige Person gezahlt werden, können in dem anderen Staat besteuert werden.

2. Diese Zinsen können jedoch in dem Vertragstaat, aus dem sie stammen, nach dem Recht dieses Staates besteuert werden; die Steuer darf aber 10 vom Hundert des Betrages der Zinsen nicht übersteigen. Die zuständigen Behörden

der Vertragstaaten regeln in gegenseitigem Einvernehmen, wie diese Begrenzungsbestimmung durchzuführen ist.

3. Der in diesem Artikel verwendete Ausdruck „Zinsen" bedeutet Einkünfte aus öffentlichen Anleihen, aus Obligationen, auch wenn sie durch Pfandrechte an Grundstücken gesichert oder mit einer Gewinnbeteiligung ausgestattet sind, und aus Forderungen jeder Art sowie alle anderen Einkünfte, die nach dem Steuerrecht des Staates, aus dem sie stammen, den Einkünften aus Darlehen gleichgestellt sind.

4. Die Absätze 1 und 2 sind nicht anzuwenden, wenn der in einem Vertragstaat ansässige Empfänger der Zinsen in dem anderen Vertragstaat, aus dem die Zinsen stammen, eine Betriebstätte hat und die Forderung, für die die Zinsen gezahlt werden, tatsächlich zu dieser Betriebstätte gehört. In diesem Fall ist Artikel 7 anzuwenden.

5. Zinsen gelten dann als aus einem Vertragstaat stammend, wenn der Schuldner dieser Staat selbst, eine seiner Gebietskörperschaften oder eine in diesem Staat ansässige Person ist. Hat aber der Schuldner der Zinsen, ohne Rücksicht darauf, ob er in einem Vertragstaat ansässig ist oder nicht, in einem Vertragstaat eine Betriebstätte und ist die Schuld, die für die Zinsen gezahlt werden, für Zwecke der Betriebstätte eingegangen und trägt die Betriebstätte die Zinsen, so gelten die Zinsen als aus dem Vertragstaat stammend, in dem die Betriebstätte liegt.

6. Bestehen zwischen Schuldner und Gläubiger oder zwischen jedem von ihnen und einem Dritten besondere Beziehungen und übersteigen deshalb die gezahlten Zinsen, gemessen an der zugrunde liegenden Forderung, den Betrag, den Schuldner und Gläubiger ohne diese Beziehungen vereinbart hätten, so wird dieser Artikel nur auf diesen letzten Betrag angewendet. In diesem Fall kann der übersteigende Betrag nach dem Recht jedes Vertragstaates und unter Berücksichtigung der anderen Bestimmungen dieses Abkommens besteuert werden.

Art. 12 Lizenzgebühren

1. Lizenzgebühren, die aus einem Vertragstaat stammen und an eine in dem anderen Vertragstaat ansässige Person gezahlt werden, können nur in dem anderen Staat besteuert werden.

2. Der in diesem Artikel verwendete Ausdruck „Lizenzgebühren" bedeutet Vergütungen jeder Art, die für die Benutzung oder für das Recht auf Benutzung von Urheberrechten an literarischen, künstlerischen oder wissenschaftlichen Werken, einschließlich kinematographischer Filme, von Patenten, Marken, Mustern oder Modellen, Plänen, geheimen Formeln oder Verfahren oder für die Benutzung oder das Recht auf Benutzung gewerblicher, kaufmännischer oder wissenschaftlicher Ausrüstungen oder für die Mitteilung gewerblicher, kaufmännischer oder wissenschaftlicher Erfahrungen gezahlt werden.

3. Absatz 1 ist nicht anzuwenden, wenn der in einem Vertragstaat ansässige Empfänger der Lizenzgebühren in dem anderen Vertragstaat, aus dem die

Lizenzgebühren stammen, eine Betriebstätte hat und die Rechte oder Vermögenswerte, die für die Lizenzgebühren gezahlt werden, tatsächlich zu dieser Betriebstätte gehören. In diesem Fall ist Artikel 7 anzuwenden.

4. Bestehen zwischen Schuldner und Gläubiger oder zwischen jedem von ihnen und einem Dritten besondere Beziehungen und übersteigen deshalb die gezahlten Lizenzgebühren, gemessen an der zugrunde liegenden Leistung, den Betrag, den Schuldner und Gläubiger ohne diese Beziehungen vereinbart hätten, so wird dieser Artikel nur auf diesen letzten Betrag angewendet. In diesem Fall kann der übersteigende Betrag nach dem Recht jedes Vertragstaates und unter Berücksichtigung der anderen Bestimmungen dieses Abkommens besteuert werden.

Art. 13 Gewinne aus der Veräußerung von Vermögen

1. Gewinne aus der Veräußerung unbeweglichen Vermögens im Sinne des Artikels 6 Absatz 2 können in dem Vertragstaat besteuert werden, in dem dieses Vermögen liegt.

2. Gewinne aus der Veräußerung beweglichen Vermögens, das Betriebsvermögen einer Betriebstätte darstellt, die ein Unternehmen eines Vertragstaates in dem anderen Vertragstaat hat, oder das zu einer festen Einrichtung gehört, über die eine in einem Vertragstaat ansässige Person für die Ausübung eines freien Berufes in dem anderen Vertragstaat verfügt, einschließlich derartiger Gewinne, die bei der Veräußerung einer solchen Betriebstätte (allein oder zusammen mit dem übrigen Unternehmen) oder einer solchen festen Einrichtung erzielt werden, können in dem anderen Staat besteuert werden. Jedoch können Gewinne aus der Veräußerung des in Artikel 22 Absatz 3 genannten beweglichen Vermögens nur in dem Vertragstaat besteuert werden, in dem dieses bewegliche Vermögen nach dem angeführten Artikel besteuert werden kann.

3. Gewinne aus der Veräußerung des in den Absätzen 1 und 2 nicht genannten Vermögens können nur in dem Vertragstaat besteuert werden, in dem der Veräußerer ansässig ist.

Art. 14 Selbständige Arbeit

1. Einkünfte, die eine in einem Vertragstaat ansässige Person aus einem freien Beruf oder aus sonstiger selbständiger Tätigkeit ähnlicher Art bezieht, können nur in diesem Staat besteuert werden, es sei denn, daß die Person für die Ausübung ihrer Tätigkeit in dem anderen Vertragstaat regelmäßig über eine feste Einrichtung verfügt. Verfügt sie über eine solche feste Einrichtung, so können die Einkünfte in dem anderen Staat besteuert werden, jedoch nur insoweit, als sie dieser festen Einrichtung zugerechnet werden können.

2. Der Ausdruck „freier Beruf" umfaßt insbesondere die selbständig ausgeübte wissenschaftliche, literarische, künstlerische, erzieherische oder unterrichtende Tätigkeit sowie die selbständige Tätigkeit der Ärzte, Rechtsanwälte, Ingenieure, Architekten, Zahnärzte und Bücherrevisoren.

Art. 15 Unselbständige Arbeit

1. Vorbehaltlich der Artikel 16, 18 und 19 können Gehälter, Löhne und ähnliche Vergütungen, die eine in einem Vertragstaat ansässige Person aus unselbständiger Arbeit bezieht, nur in diesem Staat besteuert werden, es sei denn, daß die Arbeit in dem anderen Vertragstaat ausgeübt wird. Wird die Arbeit dort ausgeübt, so können die dafür bezogenen Vergütungen in dem anderen Staat besteuert werden.

2. Ungeachtet des Absatzes 1 können Vergütungen, die eine in einem Vertragstaat ansässige Person für eine in dem anderen Vertragstaat ausgeübte unselbständige Arbeit bezieht, nur in dem erstgenannten Staat besteuert werden, wenn

a) der Empfänger sich in dem anderen Staat insgesamt nicht länger als 183 Tage während des betreffenden Steuerjahres aufhält,

b) die Vergütungen von einem Arbeitgeber oder für einen Arbeitgeber gezahlt werden, der nicht in dem anderen Staat ansässig ist, und

c) die Vergütungen nicht von einer Betriebstätte oder einer festen Einrichtung getragen werden, die der Arbeitgeber in dem anderen Staat hat.

3. Ungeachtet der vorstehenden Bestimmungen dieses Artikels können Vergütungen für unselbständige Arbeit, die an Bord eines Seeschiffes oder Luftfahrzeuges im internationalen Verkehr oder an Bord eines Schiffes, das der Binnenschiffahrt dient, ausgeübt wird, in dem Vertragstaat besteuert werden, in dem sich der Ort der tatsächlichen Geschäftsleitung des Unternehmens befindet.

Art. 16 Aufsichtsrats- und Verwaltungsratsvergütungen

Aufsichtsrats- oder Verwaltungsratsvergütungen und ähnliche Zahlungen, die eine in einem Vertragstaat ansässige Person in ihrer Eigenschaft als Mitglied des Aufsichts- oder Verwaltungsrates einer Gesellschaft bezieht, die in dem anderen Vertragstaat ansässig ist, können in dem anderen Staat besteuert werden.

Art. 17 Künstler und Sportler

Ungeachtet der Artikel 14 und 15 können Einkünfte, die berufsmäßige Künstler, wie Bühnen-, Film-, Rundfunk- oder Fernsehkünstler und Musiker, sowie Sportler aus ihrer in dieser Eigenschaft persönlich ausgeübten Tätigkeit beziehen, in dem Vertragstaat besteuert werden, in dem sie diese Tätigkeit ausüben.

Art. 18 Ruhegehälter

Vorbehaltlich des Artikels 19 Absatz 1 können Ruhegehälter und ähnliche Vergütungen, die einer in einem Vertragstaat ansässigen Person für frühere unselbständige Arbeit gezahlt werden, nur in diesem Staat besteuert werden.

Art. 19 Öffentliche Funktionen

1. Vergütungen, einschließlich der Ruhegehälter, die von einem Vertragstaat oder einer seiner Gebietskörperschaften unmittelbar oder aus einem von diesem Staat oder der Gebietskörperschaft errichteten Sondervermögen an eine natürliche Person für die diesem Staat oder der Gebietskörperschaft in Ausübung

öffentlicher Funktionen erbrachten Dienste gewährt werden, können in diesem Staat besteuert werden.

2. Auf Vergütungen oder Ruhegehälter für Dienstleistungen, die im Zusammenhang mit einer kaufmännischen oder gewerblichen Tätigkeit eines der Vertragstaaten oder einer seiner Gebietskörperschaften erbracht werden, finden die Artikel 15, 16 und 18 Anwendung.

Art. 20 Studenten

Zahlungen, die ein Student oder Lehrling, der in einem Vertragstaat ansässig ist oder vorher dort ansässig war und der sich in dem anderen Vertragstaat ausschließlich zum Studium oder zur Ausbildung aufhält, für seinen Unterhalt, sein Studium oder seine Ausbildung erhält, werden in dem anderen Staat nicht besteuert, sofern ihm diese Zahlungen aus Quellen außerhalb des anderen Staates zufließen.

Art. 21 Nicht ausdrücklich erwähnte Einkünfte

Die in den vorstehenden Artikeln nicht ausdrücklich erwähnten Einkünfte einer in einem Vertragstaat ansässigen Person können nur in diesem Staat besteuert werden.

ABSCHNITT IV. Besteuerung des Vermögens

Art. 22 Vermögen

1. Unbewegliches Vermögen im Sinne des Artikels 6 Absatz 2 kann in dem Vertragstaat besteuert werden, in dem dieses Vermögen liegt.

2. Bewegliches Vermögen, das Betriebsvermögen einer Betriebstätte eines Unternehmens darstellt oder das zu einer der Ausübung eines freien Berufes dienenden festen Einrichtung gehört, kann in dem Vertragstaat besteuert werden, in dem sich die Betriebstätte oder die feste Einrichtung befindet.

3. Seeschiffe und Luftfahrzeuge im internationalen Verkehr und Schiffe, die der Binnenschiffahrt dienen, sowie bewegliches Vermögen, das dem Betrieb dieser Schiffe und Luftfahrzeuge dient, können nur in dem Vertragstaat besteuert werden, in dem sich der Ort der tatsächlichen Geschäftsleitung des Unternehmens befindet.

4. Alle anderen Vermögensteile einer in einem Vertragstaat ansässigen Person können nur in diesem Staat besteuert werden.

ABSCHNITT V. Methoden zur Vermeidung der Doppelbesteuerung

Art. 23 A Befreiungsmethode

1. Bezieht eine in einem Vertragstaat ansässige Person Einkünfte oder hat sie Vermögen und können diese Einkünfte oder dieses Vermögen nach diesem Abkommen in dem anderen Vertragstaat besteuert werden, so nimmt der erstgenannte Staat, vorbehaltlich des Absatzes 2, diese Einkünfte oder dieses Vermögen von der Besteuerung aus, dieser Staat kann aber bei der Festsetzung

der Steuer für das übrige Einkommen oder das übrige Vermögen dieser Person den Steuersatz anwenden, der anzuwenden wäre, wenn die betreffenden Einkünfte oder das betreffende Vermögen nicht von der Besteuerung ausgenommen wären.

2. Bezieht eine in einem Vertragstaat ansässige Person Einkünfte, die nach den Artikeln 10 und 11 in dem anderen Vertragstaat besteuert werden können, so rechnet der erstgenannte Staat auf die vom Einkommen dieser Person zu erhebende Steuer den Betrag an, der der in dem anderen Vertragstaat gezahlten Steuer entspricht. Der anzurechnende Betrag darf jedoch den Teil der vor der Anrechnung ermittelten Steuer nicht übersteigen, der auf die Einkünfte entfällt, die aus dem anderen Vertragstaat bezogen werden.

Art. 23 B Anrechnungsmethode

Bezieht eine in einem Vertragstaat ansässige Person Einkünfte oder hat sie Vermögen und können diese Einkünfte oder dieses Vermögen nach diesem Abkommen in dem anderen Vertragstaat besteuert werden, so rechnet der erstgenannte Staat

a) auf die vom Einkommen dieser Person zu erhebende Steuer den Betrag an, der er in dem anderen Vertragstaat gezahlten Steuer vom Einkommen entspricht;

b) auf die vom Vermögen dieser Person zu erhebende Steuer den Betrag an, der der in dem anderen Vertragstaat gezahlten Steuer vom Vermögen entspricht.

Der anzurechnende Betrag darf jedoch in beiden Fällen den Teil der vor der Anrechnung ermittelten Steuer vom Einkommen oder vom Vermögen nicht übersteigen, der auf die Einkünfte, die in dem anderen Vertragstaat besteuert werden können, oder auf das Vermögen, das dort besteuert werden kann, entfällt.

ABSCHNITT VI. Besondere Bestimmungen

Art. 24 Gleichbehandlung

1. Die Staatsangehörigen eines Vertragstaates dürfen in dem anderen Vertragstaat weder einer Besteuerung noch einer damit zusammenhängenden Verpflichtung unterworfen werden, die anders oder belastender sind als die Besteuerung und die damit zusammenhängenden Verpflichtungen, denen die Staatsangehörigen des anderen Staates unter gleichen Verhältnissen unterworfen sind oder unterworfen werden können.

2. Der Ausdruck „Staatsangehörige“ bedeutet:

a) alle natürlichen Personen, die die Staatsangehörigkeit eines Vertragstaates besitzen;

b) alle juristischen Personen, Personengesellschaften und anderen Personenvereinigungen, die nach dem in einem Vertragstaat geltenden Recht errichtet worden sind.

3. Staatenlose dürfen in einem Vertragstaat weder einer Besteuerung noch einer damit zusammenhängenden Verpflichtung unterworfen werden, die anders

oder belastender sind als die Besteuerung und die damit zusammenhängenden Verpflichtungen, denen die Staatsangehörigen dieses Staates unter gleichen Verhältnissen unterworfen sind oder unterworfen werden können.

4. Die Besteuerung einer Betriebstätte, die ein Unternehmen eines Vertragstaates in dem anderen Vertragstaat hat, darf in dem anderen Staat nicht ungünstiger sein als die Besteuerung von Unternehmen des anderen Staates, die die gleiche Tätigkeit ausüben.

Diese Bestimmung ist nicht so auszulegen, als verpflichte sie einen Vertragstaat, den in dem anderen Vertragstaat ansässigen Personen Steuerfreibeträge, -vergünstigungen und -ermäßigungen auf Grund des Personenstandes oder der Familienlasten zu gewähren, die er den in seinem Gebiet ansässigen Personen gewährt.

5. Die Unternehmen eines Vertragstaates, deren Kapital ganz oder teilweise, unmittelbar oder mittelbar, einer in dem anderen Vertragstaat ansässigen Person oder mehreren solchen Personen gehört oder ihrer Kontrolle unterliegt, dürfen in dem erstgenannten Vertragstaat weder einer Besteuerung noch einer damit zusammenhängenden Verpflichtung unterworfen werden, die anders oder belastender sind als die Besteuerung und die damit zusammenhängenden Verpflichtungen, denen andere ähnliche Unternehmen des erstgenannten Staates unterworfen sind oder unterworfen werden können.

6. In diesem Artikel bedeutet der Ausdruck „Besteuerung" Steuern jeder Art und Bezeichnung.

Art. 25 Verständigungsverfahren

1. Ist eine in einem Vertragstaat ansässige Person der Auffassung, daß die Maßnahmen eines Vertragstaates oder beider Vertragstaaten für sie zu einer Besteuerung geführt haben oder führen werden, die diesem Abkommen nicht entspricht, so kann sie unbeschadet der nach innerstaatlichem Recht dieser Staaten vorgesehenen Rechtsmittel ihren Fall der zuständigen Behörde des Vertragstaates unterbreiten, in dem sie ansässig ist.

2. Hält diese zuständige Behörde die Einwendung für begründet und ist sie selbst nicht in der Lage, eine befriedigende Lösung herbeizuführen, so wird sie sich bemühen, den Fall durch Verständigung mit der zuständigen Behörde des anderen Vertragstaates so zu regeln, daß eine dem Abkommen nicht entsprechende Besteuerung vermieden wird.

3. Die zuständigen Behörden der Vertragstaaten werden sich bemühen, Schwierigkeiten oder Zweifel, die bei der Auslegung oder Anwendung des Abkommens entstehen, in gegenseitigem Einvernehmen zu beseitigen. Sie können auch gemeinsam darüber beraten, wie eine Doppelbesteuerung in Fällen, die in dem Abkommen nicht behandelt sind, vermieden werden kann.

4. Die zuständigen Behörden der Vertragstaaten können zur Herbeiführung einer Einigung im Sinne der vorstehenden Absätze unmittelbar miteinander verkehren. Erscheint ein mündlicher Meinungsaustausch für die Herbeiführung

der Einigung zweckmäßig, so kann ein solcher Meinungsaustausch in einer Kommission durchgeführt werden, die aus Vertretern der zuständigen Behörden der Vertragstaaten besteht.

Art. 26 Austausch von Informationen

1. Die zuständigen Behörden der Vertragstaaten werden die Informationen austauschen, die erforderlich sind zur Durchführung dieses Abkommens und des innerstaatlichen Rechts der Vertragstaaten betreffend die unter das Abkommen fallenden Steuern, soweit die diesem Recht entsprechende Besteuerung mit dem Abkommen in Einklang steht. Alle so ausgetauschten Informationen sind geheimzuhalten und dürfen nur solchen Personen oder Behörden zugänglich gemacht werden, die mit der Veranlagung oder Einhebung der unter das Abkommen fallenden Steuern befaßt sind.

2. Absatz 1 ist auf keinen Fall so auszulegen, als verpflichte er einen der Vertragstaaten:

a) Verwaltungsmaßnahmen durchzuführen, die von den Gesetzen oder der Verwaltungspraxis dieses oder des anderen Vertragstaates abweichen;

b) Angaben zu übermitteln, die nach den Gesetzen oder im üblichen Verwaltungsverfahren dieses oder des anderen Vertragstaates nicht beschafft werden können;

c) Informationen zu erteilen, die ein Handels-, Geschäfts-, Gewerbe- oder Berufsgeheimnis oder ein Geschäftsverfahren preisgeben würden oder deren Erteilung der öffentlichen Ordnung widerspräche.

Art. 27 Diplomatische und konsularische Beamte

Dieses Abkommen berührt nicht die steuerlichen Vorrechte, die den diplomatischen und konsularischen Beamten nach den allgemeinen Regeln des Völkerrechts oder auf Grund besonderer Vereinbarungen zustehen.

Art. 28 Ausdehnung des territorialen Geltungsbereiches

1. Dieses Abkommen kann entweder als Ganzes oder mit den erforderlichen Änderungen [auf jeden Teil des Gebiets (des Staates A) oder (des Staates B), der ausdrücklich von der Anwendung des Abkommens ausgeschlossen ist, oder] auf jeden anderen Staat oder jedes andere Gebiet ausgedehnt werden, dessen internationale Beziehungen von (Staat A) oder von (Staat B) wahrgenommen werden und in dem Steuern erhoben werden, die im wesentlichen den Steuern ähnlich sind, für die das Abkommen gilt. Eine solche Ausdehnung wird von dem Zeitpunkt an und mit den Änderungen und Bedingungen, einschließlich der Bedingungen für das Außerkrafttreten, wirksam, die zwischen den Vertragstaaten durch auf diplomatischem Weg auszutauschende Noten oder auf andere, den Verfassungen dieser Staaten entsprechende Weise vereinbart werden.

2. Haben die beiden Vertragstaaten nichts anderes vereinbart, so tritt mit der Kündigung durch einen Vertragstaat nach Artikel 30 das Abkommen in der in dem genannten Artikel vorgesehenen Weise auch [für jeden Teil des Gebiets (des

Staates A) oder (des Staates B) oder] für Staaten oder Gebiete außer Kraft, auf die es nach diesem Artikel ausgedehnt worden ist.

ABSCHNITT VII. Schlußbestimmungen

Art. 29 Inkrafttreten

1. Dieses Abkommen soll ratifiziert und die Ratifikationsurkunden sollen so bald wie möglich in . . . ausgetauscht werden.

2. Dieses Abkommen tritt mit dem Austausch der Ratifikationsurkunden in Kraft, und seine Bestimmungen finden Anwendung

a) in (Staat A) . . .
b) in (Staat B) . . .

Art. 30 Außerkrafttreten

Dieses Abkommen bleibt in Kraft, solange es nicht von einem der Vertragstaaten gekündigt worden ist. Jeder Vertragstaat kann nach dem Jahre . . . das Abkommen auf diplomatischem Wege unter Einhaltung einer Frist von mindestens sechs Monaten zum Ende eines Kalenderjahres kündigen. In diesem Fall findet das Abkommen nicht mehr Anwendung

a) in (Staat A) . . .
b) in (Staat B) . . .

Schlußklausel

Anmerkung: Die Schlußklausel über die Unterzeichnung richtet sich nach den verfassungsrechtlichen Verfahren der beiden Vertragstaaten.

Anlage II

OECD-Musterabkommen 1977

Zur Vermeidung der Doppelbesteuerung
auf dem Gebiet der Steuern
vom Einkommen und vom Vermögen

ABSCHNITT I. Geltungsbereich des Abkommens

Art. 1 Persönlicher Geltungsbereich

Dieses Abkommen gilt für Personen, die in einem Vertragsstaat oder in beiden Vertragsstaaten ansässig sind.

Art. 2 Unter das Abkommen fallende Steuern

1. Dieses Abkommen gilt, ohne Rücksicht auf die Art der Erhebung, für Steuern vom Einkommen und vom Vermögen, die für Rechnung eines Vertragsstaates oder seiner Gebietskörperschaften erhoben werden.

2. Als Steuern vom Einkommen und vom Vermögen gelten alle Steuern, die vom Gesamteinkommen, vom Gesamtvermögen oder von Teilen des Einkommens oder des Vermögens erhoben werden, einschließlich der Steuern vom Gewinn aus der Veräußerung beweglichen oder unbeweglichen Vermögens, der Lohnsummensteuern sowie der Steuern vom Vermögenszuwachs.

3. Zu den bestehenden Steuern, für die das Abkommen gilt, gehören insbesondere

a) (in Staat A): . . .
b) (in Staat B): . . .

4. Das Abkommen gilt auch für alle Steuern gleicher oder im wesentlichen ähnlicher Art, die nach der Unterzeichnung des Abkommens neben den bestehenden Steuern oder an deren Stelle erhoben werden. Die zuständigen Behörden der Vertragsstaaten teilen einander am Ende eines jeden Jahres die in ihren Steuergesetzen eingetretenen Änderungen mit.

ABSCHNITT II. Begriffsbestimmungen

Art. 3 Allgemeine Begriffsbestimmungen

1. Im Sinne dieses Abkommens, wenn der Zusammenhang nichts anderes erfordert,

---

Quelle: Bundesanzeiger (Bundesminister der Finanzen).

a) umfaßt der Ausdruck „Person" natürliche Personen, Gesellschaften und alle andere Personenvereinigungen;

b) bedeutet der Ausdruck „Gesellschaft" juristische Personen oder Rechtsträger, die für die Besteuerung wie juristische Personen behandelt werden;

c) bedeuten die Ausdrücke „Unternehmen eines Vertragsstaats" und „Unternehmen des anderen Vertragsstaats", je nachdem, ein Unternehmen, das von einer in einem Vertragsstaat ansässigen Person betrieben wird;

d) bedeutet der Ausdruck „internationaler Verkehr" jede Beförderung mit einem Seeschiff oder Luftfahrzeug, das von einem Unternehmen mit tatsächlicher Geschäftsleitung in einem Vertragsstaat betrieben wird, es sei denn, das Seeschiff oder Luftfahrzeug wird ausschließlich zwischen Orten im anderen Vertragsstaat betrieben;

e) bedeutet der Ausdruck „zuständige Behörde"

i) (in Staat A): . . .

ii) (in Staat B): . . .

2. Bei der Anwendung des Abkommens durch einen Vertragsstaat hat, wenn der Zusammenhang nichts anderes erfordert, jeder im Abkommen nicht definierte Ausdruck die Bedeutung, die ihm nach dem Recht dieses Staates über die Steuern zukommt, für die das Abkommen gilt.

Art. 4 Ansässige Person

1. Im Sinne dieses Abkommens bedeutet der Ausdruck „eine in einem Vertragsstaat ansässige Person" eine Person, die nach dem Recht dieses Staates dort auf Grund ihres Wohnsitzes, ihres ständigen Aufenthalts, des Ortes ihrer Geschäftsleitung oder eines anderen ähnlichen Merkmals steuerpflichtig ist. Der Ausdruck umfaßt jedoch nicht eine Person, die in diesem Staat nur mit Einkünften aus Quellen in diesem Staat oder mit in diesem Staat gelegenem Vermögen steuerpflichtig ist.

2. Ist nach Absatz 1 eine natürliche Person in beiden Vertragsstaaten ansässig, so gilt folgendes:

a) Die Person gilt als in dem Staat ansässig, in dem sie über eine ständige Wohnstätte verfügt; verfügt sie in beiden Staaten über eine ständige Wohnstätte, so gilt sie als in dem Staat ansässig, zu dem sie die engeren persönlichen und wirtschaftlichen Beziehungen hat (Mittelpunkt der Lebensinteressen);

b) kann nicht bestimmt werden, in welchem Staat die Person den Mittelpunkt ihrer Lebensinteressen hat, oder verfügt sie in keinem der Staaten über eine ständige Wohnstätte, so gilt sie als in dem Staat ansässig, in dem sie ihren gewöhnlichen Aufenthalt hat;

c) hat die Person ihren gewöhnlichen Aufenthalt in beiden Staaten oder in keinem der Staaten, so gilt sie als in dem Staat ansässig, dessen Staatsangehöriger sie ist;

d) ist die Person Staatsangehöriger beider Staaten oder keines der Staaten, so regeln die zuständigen Behörden der Vertragsstaaten die Frage in gegenseitigem Einvernehmen.

3. Ist nach Absatz 1 eine andere als eine natürliche Person in beiden Vertragsstaaten ansässig, so gilt sie als in dem Staat ansässig, in dem sich der Ort ihre tatsächlichen Geschäftsleitung befindet.

Art. 5 Betriebstätte

1. Im Sinne dieses Abkommens bedeutet der Ausdruck „Betriebstätte“ eine feste Geschäftseinrichtung, durch die die Tätigkeit eines Unternehmens ganz oder teilweise ausgeübt wird.

2. Der Ausdruck „Betriebstätte“ umfaßt insbesondere:

a) einen Ort der Leitung,

b) eine Zweigniederlassung,

c) eine Geschäftsstelle,

d) eine Fabrikationsstätte,

e) eine Werkstätte und

f) ein Bergwerk, ein Öl- oder Gasvorkommen, einen Steinbruch oder eine andere Stätte der Ausbeutung von Bodenschätzen.

3. Eine Bauausführung oder Montage ist nur dann eine Betriebstätte, wenn ihre Dauer zwölf Monate überschreitet.

4. Ungeachtet der vorstehenden Bestimmungen dieses Artikels gelten nicht als Betriebstätten:

a) Einrichtungen, die ausschließlich zur Lagerung, Ausstellung oder Auslieferung von Gütern oder Waren des Unternehmens benutzt werden;

b) Bestände von Gütern oder Waren des Unternehmens, die ausschließlich zur Lagerung, Ausstellung oder Auslieferung unterhalten werden;

c) Bestände von Gütern oder Waren des Unternehmens, die ausschließlich zu dem Zweck unterhalten werden, durch ein anderes Unternehmen bearbeitet oder verarbeitet zu werden;

d) eine feste Geschäftseinrichtung, die ausschließlich zu dem Zweck unterhalten wird, für das Unternehmen Güter oder Waren einzukaufen oder Informationen zu beschaffen;

e) eine feste Geschäftseinrichtung, die ausschließlich zu dem Zweck unterhalten wird, für das Unternehmen andere Tätigkeiten auszuüben, die vorbereitender Art sind oder eine Hilfstätigkeit darstellen;

f) eine feste Geschäftseinrichtung, die ausschließlich zu dem Zweck unterhalten wird, mehrere der unter den Buchstaben a bis e genannten Tätigkeiten auszuüben, vorausgesetzt, daß die sich daraus ergebende Gesamttätigkeit der festen Geschäftseinrichtung vorbereitender Art ist oder eine Hilfstätigkeit darstellt.

5. Ist eine Person – mit Ausnahme eines unabhängigen Vertreters im Sinne des Absatzes 6 – für ein Unternehmen tätig und besitzt sie in einem Vertragsstaat die Vollmacht, im Namen des Unternehmens Verträge abzuschließen, und übt sie

die Vollmacht dort gewöhnlich aus, so wird das Unternehmen ungeachtet der Absätze 1 und 2 so behandelt, als habe es in diesem Staat für alle von der Person für das Unternehmen ausgeübten Tätigkeiten eine Betriebstätte, es sei denn, diese Tätigkeiten beschränken sich auf die in Absatz 4 genannten Tätigkeiten, die, würden sie durch eine feste Geschäftseinrichtung ausgeübt, diese Einrichtung nach dem genannten Absatz nicht zu einer Betriebstätte machten.

6. Ein Unternehmen wird nicht schon deshalb so behandelt, als habe es eine Betriebstätte in einem Vertragsstaat, weil es dort seine Tätigkeit durch einen Makler, Kommissionär oder einen anderen unabhängigen Vertreter ausübt, sofern diese Personen im Rahmen ihrer ordentlichen Geschäftstätigkeit handeln.

7. Allein dadurch, daß eine in einem Vertragsstaat ansässige Gesellschaft eine Gesellschaft beherrscht oder von einer Gesellschaft beherrscht wird, die im anderen Vertragsstaat ansässig ist oder dort (entweder durch eine Betriebstätte oder auf andere Weise) ihre Tätigkeit ausübt, wird keine der beiden Gesellschaften zur Betriebstätte der anderen.

ABSCHNITT III. Besteuerung des Einkommens

Art. 6 Einkünfte aus unbeweglichem Vermögen

1. Einkünfte, die eine in einem Vertragsstaat ansässige Person aus unbeweglichem Vermögen (einschließlich der Einkünfte aus land- und forstwirtschaftlichen Betrieben) bezieht, das im anderen Vertragsstaat liegt, können im anderen Staat besteuert werden.

2. Der Ausdruck „unbewegliches Vermögen" hat die Bedeutung, die ihm nach dem Recht des Vertragsstaats zukommt, in dem das Vermögen liegt. Der Ausdruck umfaßt in jedem Fall das Zubehör zum unbeweglichen Vermögen, das lebende und tote Inventar land- und forstwirtschaftlicher Betriebe, die Rechte, für die die Vorschriften des Privatrechts über Grundstücke gelten, Nutzungsrechte an unbeweglichem Vermögen sowie Rechte auf veränderliche oder feste Vergütungen für die Ausbeutung oder das Recht auf Ausbeutung von Mineralvorkommen, Quellen und anderen Bodenschätzen; Schiffe und Luftfahrzeuge gelten nicht als unbewegliches Vermögen.

3. Absatz 1 gilt für Einkünfte aus der unmittelbaren Nutzung, der Vermietung oder Verpachtung sowie jeder anderen Art der Nutzung unbeweglichen Vermögens.

4. Die Absätze 1 und 3 gelten auch für Einkünfte aus unbeweglichem Vermögen eines Unternehmens und für Einkünfte aus unbeweglichem Vermögen, das der Ausübung einer selbständigen Arbeit dient.

Art. 7 Unternehmensgewinne

1. Gewinne eines Unternehmens eines Vertragsstaats können nur in diesem Staat besteuert werden, es sei denn, das Unternehmen übt seine Tätigkeit im anderen Vertragsstaat durch eine dort gelegene Betriebstätte aus. Übt das Unternehmen seine Tätigkeit auf diese Weise aus, so können die Gewinne des

Unternehmens im anderen Staat besteuert werden, jedoch nur insoweit, als sie dieser Betriebstätte zugerechnet werden können.

2. Übt ein Unternehmen eines Vertragsstaats seine Tätigkeit im anderen Vertragsstaat durch eine dort gelegene Betriebstätte aus, so werden vorbehaltlich des Absatzes 3 in jedem Vertragsstaat dieser Betriebstätte die Gewinne zugerechnet, die sie hätte erzielen können, wenn sie eine gleiche oder ähnliche Tätigkeit unter gleichen oder ähnlichen Bedingungen als selbständiges Unternehmen ausgeübt hätte und im Verkehr mit dem Unternehmen, dessen Betriebstätte sie ist, völlig unabhängig gewesen wäre.

3. Bei der Ermittlung der Gewinne einer Betriebstätte werden die für diese Betriebstätte entstandenen Aufwendungen, einschließlich der Geschäftsführungs- und allgemeinen Verwaltungskosten, zum Abzug zugelassen, gleichgültig, ob sie in dem Staat, in dem die Betriebstätte liegt, oder anderswo entstanden sind.

4. Soweit es in einem Vertragsstaat üblich ist, die einer Betriebstätte zuzurechnenden Gewinne durch Aufteilung der Gesamtgewinne des Unternehmens auf seine einzelnen Teile zu ermitteln, schließt Absatz 2 nicht aus, daß dieser Vertragsstaat die zu besteuernden Gewinne nach der üblichen Aufteilung ermittelt; die gewählte Gewinnaufteilung muß jedoch derart sein, daß das Ergebnis mit den Grundsätzen dieses Artikels übereinstimmt.

5. Auf Grund des bloßen Einkaufs von Gütern oder Waren für das Unternehmen wird einer Betriebstätte kein Gewinn zugerechnet.

6. Bei der Anwendung der vorstehenden Absätze sind die der Betriebstätte zuzurechnenden Gewinne jedes Jahr auf dieselbe Art zu ermitteln, es sei denn, daß ausreichende Gründe dafür bestehen, anders zu verfahren.

7. Gehören zu den Gewinnen Einkünfte, die in anderen Artikeln dieses Abkommens behandelt werden, so werden die Bestimmungen jener Artikel durch die Bestimmungen dieses Artikels nicht berührt.

Art. 8 Seeschiffahrt, Binnenschiffahrt und Luftfahrt

1. Gewinne aus dem Betrieb von Seeschiffen oder Luftfahrzeugen im internationalen Verkehr können nur in dem Vertragsstaat besteuert werden, in dem sich der Ort der tatsächlichen Geschäftsleitung des Unternehmens befindet.

2. Gewinne aus dem Betrieb von Schiffen, die der Binnenschiffahrt dienen, können nur in dem Vertragsstaat besteuert werden, in dem sich der Ort der tatsächlichen Geschäftsleitung des Unternehmens befindet.

3. Befindet sich der Ort der tatsächlichen Geschäftsleitung eines Unternehmens der See- oder Binnenschiffahrt an Bord eines Schiffes, so gilt er als in dem Vertragsstaat gelegen, in dem der Heimathafen des Schiffes liegt, oder, wenn kein Heimathafen vorhanden ist, in dem Vertragsstaat, in dem die Person ansässig ist, die das Schiff betreibt.

4. Absatz 1 gilt auch für Gewinne aus der Beteiligung an einem Pool, einer Betriebsgemeinschaft oder einer internationalen Betriebsstelle.

Art. 9 Verbundene Unternehmen

1. Wenn

a) ein Unternehmen eines Vertragsstaats unmittelbar oder mittelbar an der Geschäftsleitung, der Kontrolle oder dem Kapital eines Unternehmens des anderen Vertragsstaats beteiligt ist oder

b) dieselben Personen unmittelbar oder mittelbar an der Geschäftsleitung, der Kontrolle oder dem Kapital eines Unternehmens eines Vertragsstaats und eines Unternehmens des anderen Vertragsstaats beteiligt sind

und in diesen Fällen die beiden Unternehmen in ihren kaufmännischen oder finanziellen Beziehungen an vereinbarte oder auferlegte Bedingungen gebunden sind, die von denen abweichen, die unabhängige Unternehmen miteinander vereinbaren würden, so dürfen die Gewinne, die eines der Unternehmen ohne diese Bedingungen erzielt hätte, wegen dieser Bedingungen aber nicht erzielt hat, den Gewinnen dieses Unternehmens zugerechnet und entsprechend besteuert werden.

2. Werden in einem Vertragsstaat den Gewinnen eines Unternehmens dieses Staates Gewinne zugerechnet – und entsprechend besteuert –, mit denen ein Unternehmen des anderen Vertragsstaats in diesem Staat besteuert worden ist, und handelt es sich bei den zugerechneten Gewinnen um solche, die das Unternehmen des erstgenannten Staates erzielt hätte, wenn die zwischen den beiden Unternehmen vereinbarten Bedingungen die gleichen gewesen wären, die unabhängige Unternehmen miteinander vereinbaren würden, so nimmt der andere Staat eine entsprechende Änderung der dort von diesen Gewinnen erhobenen Steuer vor. Bei dieser Änderung sind die übrigen Bestimmungen dieses Abkommens zu berücksichtigen; erforderlichenfalls werden die zuständigen Behörden der Vertragsstaaten einander konsultieren.

Art. 10 Dividenden

1. Dividenden, die eine in einem Vertragsstaat ansässige Gesellschaft an eine im anderen Vertragsstaat ansässige Person zahlt, können im anderen Staat besteuert werden.

2. Diese Dividenden können jedoch auch in dem Vertragsstaat, in dem die die Dividenden zahlende Gesellschaft ansässig ist, nach dem Recht dieses Staates besteuert werden; die Steuer darf aber, wenn der Empfänger der Dividenden der Nutzungsberechtigte ist, nicht übersteigen:

a) 5 vom Hundert des Bruttobetrags der Dividenden, wenn der Nutzungsberechtigte eine Gesellschaft (jedoch keine Personengesellschaft) ist, die unmittelbar über mindestens 25 vom Hundert des Kapitals der die Dividenden zahlenden Gesellschaft verfügt;

b) 15 vom Hundert des Bruttobetrags der Dividenden in allen anderen Fällen.

Die zuständigen Behörden der Vertragsstaaten regeln in gegenseitigem Einvernehmen, wie diese Begrenzungsbestimmungen durchzuführen sind.

Dieser Absatz berührt nicht die Besteuerung der Gesellschaft in bezug auf die Gewinne, aus denen die Dividenden gezahlt werden.

3. Der in diesem Artikel verwendete Ausdruck „Dividenden" bedeutet Einkünfte aus Aktien, Genußaktien oder Genußscheinen, Kuxen, Gründeranteilen oder anderen Rechten – ausgenommen Forderungen – mit Gewinnbeteiligungen sowie aus sonstigen Gesellschaftsanteilen stammende Einkünfte, die nach dem Recht des Staates, in dem die ausschüttende Gesellschaft ansässig ist, den Einkünften aus Aktien steuerlich gleichgestellt sind.

4. Die Absätze 1 und 2 sind nicht anzuwenden, wenn der in einem Vertragsstaat ansässige Nutzungsberechtigte im anderen Vertragsstaat, in dem die die Dividenden zahlende Gesellschaft ansässig ist, eine gewerbliche Tätigkeit durch eine dort gelegene Betriebstätte oder eine selbständige Arbeit durch eine dort gelegene feste Einrichtung ausübt und die Beteiligung, für die die Dividenden gezahlt werden, tatsächlich zu dieser Betriebstätte oder festen Einrichtung gehört. In diesem Fall ist Artikel 7 beziehungsweise Artikel 14 anzuwenden.

5. Bezieht eine in einem Vertragsstaat ansässige Gesellschaft Gewinne oder Einkünfte aus dem anderen Vertragsstaat, so darf dieser andere Staat weder die von der Gesellschaft gezahlten Dividenden besteuern, es sei denn, daß diese Dividenden an eine im anderen Staat ansässige Person gezahlt werden oder daß die Beteiligung, für die die Dividenden gezahlt werden, tatsächlich zu einer im anderen Staat gelegenen Betriebstätte oder festen Einrichtung gehört, noch Gewinne der Gesellschaft einer Steuer für nichtausgeschüttete Gewinne unterwerfen, selbst wenn die gezahlten Dividenden oder die nichtausgeschütteten Gewinne ganz oder teilweise aus im anderen Staat erzielten Gewinnen oder Einkünften bestehen.

Art. 11 Zinsen

1. Zinsen, die aus einem Vertragsstaat stammen und an eine im anderen Vertragsstaat ansässige Person gezahlt werden, können im anderen Staat besteuert werden.

2. Diese Zinsen können jedoch auch in dem Vertragsstaat, aus dem sie stammen, nach dem Recht dieses Staates besteuert werden; die Steuer darf aber, wenn der Empfänger der Zinsen der Nutzungsberechtigte ist, 10 vom Hundert des Bruttobetrages der Zinsen nicht übersteigen. Die zuständigen Behörden der Vertragsstaaten regeln in gegenseitigem Einvernehmen, wie diese Begrenzungsbestimmung durchzuführen ist.

3. Der in diesem Artikel verwendete Ausdruck „Zinsen" bedeutet Einkünfte aus Forderungen jeder Art, auch wenn die Forderungen durch Pfandrechte an Grundstücken gesichert oder mit einer Beteiligung am Gewinn des Schuldners ausgestattet sind, und insbesondere Einkünfte aus öffentlichen Anleihen und aus Obligationen einschließlich der damit verbundenen Aufgelder und der Gewinne aus Losanleihen. Zuschläge für verspätete Zahlung gelten nicht als Zinsen im Sinne dieses Artikels.

4. Die Absätze 1 und 2 sind nicht anzuwenden, wenn der in einem Vertragsstaat ansässige Nutzungsberechtigte im anderen Vertragsstaat, aus dem die Zinsen stammen, eine gewerbliche Tätigkeit durch eine dort gelegene Betriebstätte oder eine selbständige Arbeit durch eine dort gelegene feste Einrichtung ausübt und die Forderung, für die die Zinsen gezahlt werden, tatsächlich zu dieser Betriebstätte oder festen Einrichtung gehört. In diesem Fall ist Artikel 7 beziehungsweise Artikel 14 anzuwenden.

5. Zinsen gelten dann als aus einem Vertragsstaat stammend, wenn der Schuldner dieser Staat selbst, eine seiner Gebietskörperschaften oder eine in einem Staat ansässige Person ist. Hat aber der Schuldner der Zinsen, ohne Rücksicht darauf, ob er in einem Vertragsstaat ansässig ist oder nicht, in einem Vertragsstaat eine Betriebstätte oder eine feste Einrichtung und ist die Schuld, für die die Zinsen gezahlt werden, für Zwecke der Betriebstätte oder der festen Einrichtung eingegangen worden und trägt die Betriebstätte oder die feste Einrichtung die Zinsen, so gelten die Zinsen als aus dem Staat stammend, in dem die Betriebstätte oder die feste Einrichtung liegt.

6. Bestehen zwischen dem Schuldner und dem Nutzungsberechtigten oder zwischen jedem von ihnen und einem Dritten besondere Beziehungen und übersteigen deshalb die Zinsen, gemessen an der zugrunde liegenden Forderung, den Betrag, den Schuldner und Nutzungsberechtigter ohne diese Beziehungen vereinbart hätten, so wird dieser Artikel nur auf den letzteren Betrag angewendet. In diesem Fall kann der übersteigende Betrag nach dem Recht eines jeden Vertragsstaats und unter Berücksichtigung der anderen Bestimmungen dieses Abkommens besteuert werden.

Art. 12 Lizenzgebühren

1. Lizenzgebühren, die aus einem Vertragsstaat stammen und an eine im anderen Vertragsstaat ansässige Person gezahlt werden, können, wenn diese Person der Nutzungsberechtigte ist, nur im anderen Staat besteuert werden.

2. Der in diesem Artikel verwendete Ausdruck „Lizenzgebühren“ bedeutet Vergütungen jeder Art, die für die Benutzung oder für das Recht auf Benutzung von Urheberrechten an literarischen, künstlerischen oder wissenschaftlichen Werken, einschließlich kinematographischer Filme, von Patenten, Marken, Mustern oder Modellen, Plänen, geheimen Formeln oder Verfahren oder für die Benutzung oder das Recht auf Benutzung gewerblicher, kaufmännischer oder wissenschaftlicher Ausrüstungen oder für die Mitteilung gewerblicher, kaufmännischer oder wissenschaftlicher Erfahrungen gezahlt werden.

3. Absatz 1 ist nicht anzuwenden, wenn der in einem Vertragsstaat ansässige Nutzungsberechtigte im anderen Vertragsstaat, aus dem die Lizenzgebühren stammen, eine gewerbliche Tätigkeit durch eine dort gelegene Betriebstätte oder eine selbständige Arbeit durch eine dort gelegene feste Einrichtung ausübt und die Rechte oder Vermögenswerte, für die die Lizenzgebühren gezahlt werden,

tatsächlich zu dieser Betriebstätte oder festen Einrichtung gehören. In diesem Fall ist Artikel 7 beziehungsweise Artikel 14 anzuwenden.

4. Bestehen zwischen dem Schuldner und dem Nutzungsberechtigten oder zwischen jedem von ihnen und einem Dritten besondere Beziehungen und übersteigen deshalb die Lizenzgebühren, gemessen an der zugrunde liegenden Leistung, den Betrag, den Schuldner und Nutzungsberechtigter ohne diese Beziehungen vereinbart hätten, so wird dieser Artikel nur auf den letzteren Betrag angewendet. In diesem Fall kann der übersteigende Betrag nach dem Recht eines jeden Vertragsstaats und unter Berücksichtigung der anderen Bestimmungen dieses Abkommens besteuert werden.

Art. 13 Gewinne aus der Veräußerung von Vermögen

1. Gewinne, die eine in einem Vertragsstaat ansässige Person aus der Veräußerung unbeweglichen Vermögens im Sinne des Artikels 6 bezieht, das im anderen Vertragsstaat liegt, können im anderen Staat besteuert werden.

2. Gewinne aus der Veräußerung beweglichen Vermögens, das Betriebsvermögen einer Betriebstätte ist, die ein Unternehmen eines Vertragsstaats im anderen Vertragsstaat hat, oder das zu einer festen Einrichtung gehört, die einer in einem Vertragsstaat ansässigen Person für die Ausübung einer selbständigen Arbeit im anderen Vertragsstaat zur Verfügung steht, einschließlich derartiger Gewinne, die bei der Veräußerung einer solchen Betriebstätte (allein oder mit dem übrigen Unternehmen) oder einer solchen festen Einrichtung erzielt werden, können im anderen Staat besteuert werden.

3. Gewinne aus der Veräußerung von Seeschiffen oder Luftfahrzeugen, die im internationalen Verkehr betrieben werden, von Schiffen, die der Binnenschifffahrt dienen und von beweglichem Vermögen, das dem Betrieb dieser Schiffe oder Luftfahrzeuge dient, können nur in dem Vertragsstaat besteuert werden, in dem sich der Ort der tatsächlichen Geschäftsleitung des Unternehmens befindet.

4. Gewinne aus der Veräußerung des in den Absätzen 1, 2 und 3 nicht genannten Vermögens können nur in dem Vertragsstaat besteuert werden, in dem der Veräußerer ansässig ist.

Art. 14 Selbständige Arbeit

1. Einkünfte, die eine in einem Vertragsstaat ansässige Person aus einem freien Beruf oder aus sonstiger selbständiger Tätigkeit bezieht, können nur in diesem Staat besteuert werden, es sei denn, daß der Person im anderen Vertragsstaat für die Ausübung ihrer Tätigkeit gewöhnlich eine feste Einrichtung zur Verfügung steht. Steht ihr eine solche feste Einrichtung zur Verfügung, so können die Einkünfte im anderen Staat besteuert werden, jedoch nur insoweit, als sie dieser festen Einrichtung zugerechnet werden können.

2. Der Ausdruck „freier Beruf“ umfaßt insbesondere die selbständig ausgeübte wissenschaftliche, literarische, künstlerische, erzieherische oder unterrichtende Tätigkeit sowie die selbständige Tätigkeit der Ärzte, Rechtsanwälte, Ingenieure, Architekten, Zahnärzte und Buchsachverständigen.

Art. 15 Unselbständige Arbeit

1. Vorbehaltlich der Artikel 16, 18 und 19 können Gehälter, Löhne und ähnliche Vergütungen, die eine in einem Vertragsstaat ansässige Person aus unselbständiger Arbeit bezieht, nur in diesem Staat besteuert werden, es sei denn, die Arbeit wird im anderen Vertragsstaat ausgeübt. Wird die Arbeit dort ausgeübt, so können die dafür bezogenen Vergütungen im anderen Staat besteuert werden.

2. Ungeachtet des Absatzes 1 können Vergütungen, die eine in einem Vertragsstaat ansässige Person für eine im anderen Vertragsstaat ausgeübte unselbständige Arbeit bezieht, nur im erstgenannten Staat besteuert werden, wenn

a) der Empfänger sich im anderen Staat insgesamt nicht länger als 183 Tage während des betreffenden Steuerjahres aufhält und

b) die Vergütungen von einem Arbeitgeber oder für einen Arbeitgeber gezahlt werden, der nicht im anderen Staat ansässig ist, und

c) die Vergütungen nicht von einer Betriebstätte oder einer festen Einrichtung getragen werden, die der Arbeitgeber im anderen Staat hat.

3. Ungeachtet der vorstehenden Bestimmungen dieses Artikels können Vergütungen für unselbständige Arbeit, die an Bord eines Seeschiffes oder Luftfahrzeuges, das im internationalen Verkehr betrieben wird, oder an Bord eines Schiffes, das der Binnenschiffahrt dient, ausgeübt wird, in dem Vertragsstaat besteuert werden, in dem sich der Ort der tatsächlichen Geschäftsleitung des Unternehmens befindet.

Art. 16 Aufsichtsrats- und Verwaltungsratsvergütungen

Aufsichtsrats- und Verwaltungsratsvergütungen und ähnliche Zahlungen, die eine in einem Vertragsstaat ansässige Person in ihrer Eigenschaft als Mitglied des Aufsichts- oder Verwaltungsrats einer Gesellschaft bezieht, die im anderen Vertragsstaat ansässig ist, können im anderen Staat besteuert werden.

Art. 17 Künstler und Sportler

1. Ungeachtet der Artikel 14 und 15 können Einkünfte, die eine in einem Vertragsstaat ansässige Person als Künstler, wie Bühnen-, Film-, Rundfunk- und Fernsehkünstler sowie Musiker, oder als Sportler aus ihrer im anderen Vertragsstaat persönlich ausgeübten Tätigkeit bezieht, im anderen Staat besteuert werden.

2. Fließen Einkünfte aus einer von einem Künstler oder Sportler in dieser Eigenschaft persönlich ausgeübten Tätigkeit nicht dem Künstler oder Sportler selbst, sondern einer anderen Person zu, so können diese Einkünfte ungeachtet der Artikel 7, 14 und 15 in dem Vertragsstaat besteuert werden, in dem der Künstler oder Sportler seine Tätigkeit ausübt.

Art. 18 Ruhegehälter

Vorbehaltlich des Artikels 19 Absatz 2 können Ruhegehälter und ähnliche Vergütungen, die einer in einem Vertragsstaat ansässigen Person für frühere unselbständige Arbeit gezahlt werden, nur in diesem Staat besteuert werden.

Art. 19 Öffentlicher Dienst

1.a) Vergütungen, ausgenommen Ruhegelder, die von einem Vertragsstaat oder einer seiner Gebietskörperschaften an eine natürliche Person für die diesem Staat oder der Gebietskörperschaft geleisteten Dienste gezahlt werden, können nur in diesem Staat besteuert werden.

b) Diese Vergütungen können jedoch nur im anderen Vertragsstaat besteuert werden, wenn die Dienste in diesem Staat geleistet werden und die natürliche Person in diesem Staat ansässig ist und

i) ein Staatsangehöriger dieses Staates ist oder

ii) nicht ausschließlich deshalb in diesem Staat ansässig geworden ist, um die Dienste zu leisten.

2. a) Ruhegehälter, die von einem Vertragsstaat oder einer seiner Gebietskörperschaften oder aus einem von diesem Staat oder der Gebietskörperschaft errichteten Sondervermögen an eine natürliche Person für die diesem Staat oder der Gebietskörperschaft geleisteten Dienste gezahlt werden, können nur in diesem Staat besteuert werden.

b) Diese Ruhegehälter können jedoch nur im anderen Vertragsstaat besteuert werden, wenn die natürliche Person in diesem Staat ansässig ist und ein Staatsangehöriger dieses Staates ist.

3. Auf Vergütungen und Ruhegehälter für Dienstleistungen, die im Zusammenhang mit einer gewerblichen Tätigkeit eines Vertragsstaates oder einer seiner Gebietskörperschaften erbracht werden, sind die Artikel 15, 16 und 18 anzuwenden.

Art. 20 Studenten

Zahlungen, die ein Student, Praktikant oder Lehrling, der sich in einem Vertragsstaat ausschließlich zum Studium oder zur Ausbildung aufhält und der im anderen Vertragsstaat ansässig ist oder dort unmittelbar vor der Einreise in den erstgenannten Staat ansässig war, für seinen Unterhalt, sein Studium oder seine Ausbildung erhält, dürfen im erstgenannten Staat nicht besteuert werden, sofern diese Zahlungen aus Quellen außerhalb dieses Staates stammen.

Art. 21 Andere Einkünfte

1. Einkünfte einer in einem Vertragsstaat ansässigen Person, die in den vorstehenden Artikeln nicht behandelt wurden, können ohne Rücksicht auf ihre Herkunft nur in diesem Staat besteuert werden.

2. Absatz 1 ist auf andere Einkünfte als solche aus unbeweglichem Vermögen im Sinne des Artikels 6 Absatz 2 nicht anzuwenden, wenn der in einem Vertragsstaat ansässige Empfänger im anderen Vertragsstaat eine gewerbliche Tätigkeit durch eine dort gelegene Betriebstätte oder eine selbständige Arbeit durch eine dort gelegene feste Einrichtung ausübt und die Rechte oder Vermögenswerte, für die die Einkünfte gezahlt werden, tatsächlich zu dieser Betriebstätte oder festen Einrichtung gehören. In diesem Fall ist Artikel 7 beziehungsweise Artikel 14 anzuwenden.

ABSCHNITT IV. Besteuerung des Vermögens

Art. 22 Vermögen

1. Unbewegliches Vermögen im Sinne des Artikels 6, das einer in einem Vertragsstaat ansässigen Person gehört und im anderen Vertragsstaat liegt, kann im anderen Staat besteuert werden.

2. Bewegliches Vermögen, das Betriebsvermögen einer Betriebstätte ist, die ein Unternehmen eines Vertragsstaates im anderen Vertragsstaat hat, oder das zu einer festen Einrichtung gehört, die einer in einem Vertragsstaat ansässigen Person für die Ausübung einer selbständigen Arbeit im anderen Vertragsstaat zur Verfügung steht, kann im anderen Staat besteuert werden.

3. Seeschiffe und Luftfahrzeuge, die im internationalen Verkehr betrieben werden, und Schiffe, die der Binnenschiffahrt dienen, sowie bewegliches Vermögen, das dem Betrieb dieser Schiffe oder Luftfahrzeuge dient, können nur in dem Vertragsstaat besteuert werden, in dem sich der Ort der tatsächlichen Geschäftsleitung des Unternehmens befindet.

4. Alle anderen Vermögensteile einer in einem Vertragsstaat ansässigen Person können nur in diesem Staat besteuert werden.

ABSCHNITT V. Methoden zur Vermeidung der Doppelbesteuerung

Art. 23 A Befreiungsmethode

1. Bezieht eine in einem Vertragsstaat ansässige Person Einkünfte oder hat sie Vermögen und können diese Einkünfte oder dieses Vermögen nach diesem Abkommen im anderen Vertragsstaat besteuert werden, so nimmt der erstgenannte Staat vorbehaltlich der Absätze 2 und 3 diese Einkünfte oder dieses Vermögen von der Besteuerung aus.

2. Bezieht eine in einem Vertragsstaat ansässige Person Einkünfte, die nach den Artikeln 10 und 11 im anderen Vertragsstaat besteuert werden können, so rechnet der erstgenannte Staat auf die vom Einkommen dieser Person zu erhebende Steuer den Betrag an, der der im anderen Staat gezahlten Steuer entspricht. Der anzurechnende Betrag darf jedoch den Teil der vor der Anrechnung ermittelten Steuer nicht übersteigen, der auf die aus dem anderen Staat bezogenen Einkünfte entfällt.

3. Einkünfte oder Vermögen einer in einem Vertragsstaat ansässigen Person, die nach dem Abkommen von der Besteuerung in diesem Staat auszunehmen sind, können gleichwohl in diesem Staat bei der Festsetzung der Steuer für das übrige Einkommen oder Vermögen der Person einbezogen werden.

Art. 23 B Anrechnungsmethode

1. Bezieht eine in einem Vertragsstaat ansässige Person Einkünfte oder hat sie Vermögen und können diese Einkünfte oder dieses Vermögen nach diesem Abkommen im anderen Vertragsstaat besteuert werden, so rechnet der erstgenannte Staat

a) auf die vom Einkommen dieser Person zu erhebende Steuer den Betrag an, der der im anderen Staat gezahlten Steuer vom Einkommen entspricht;

b) auf die vom Vermögen dieser Person zu erhebende Steuer den Betrag an, der der im anderen Staat gezahlten Steuer vom Vermögen entspricht.

Der anzurechnende Betrag darf jedoch in beiden Fällen den Teil der vor der Anrechnung ermittelten Steuer vom Einkommen oder vom Vermögen nicht übersteigen, der auf die Einkünfte, die im anderen Staat besteuert werden können oder auf das Vermögen, das dort besteuert werden kann, entfällt.

2. Einkünfte oder Vermögen einer in einem Vertragsstaat ansässigen Person, die nach dem Abkommen von der Besteuerung in diesem Staat auszunehmen sind, können gleichwohl in diesem Staat bei der Festsetzung der Steuer für das übrige Einkommen oder Vermögen der Person einbezogen werden.

ABSCHNITT VI. Besondere Bestimmungen

Art. 24 Gleichbehandlung

1. Staatsangehörige eines Vertragstaaats dürfen im anderen Vertragsstaat keiner Besteuerung oder damit zusammenhängenden Verpflichtung unterworfen werden, die anders oder belastender ist als die Besteuerung und die damit zusammenhängenden Verpflichtungen, denen Staatsangehörige des anderen Staates unter gleichen Verhältnissen unterworfen sind oder unterworfen werden können. Diese Bestimmung gilt ungeachtet des Artikels 1 auch für Personen, die in keinem Vertragsstaat ansässig sind.

2. Der Ausdruck „Staatsangehörige“ bedeutet

a) natürliche Personen, die die Staatsangehörigkeit eines Vertragsstaats besitzen;

b) juristische Personen, Personengesellschaften und andere Personenvereinigungen, die nach dem in einem Vertragsstaat geltenden Recht errichtet worden sind.

3. Staatenlose, die in einem Vertragsstaat ansässig sind, dürfen in keinem Vertragsstaat einer Besteuerung oder damit zusammenhängenden Verpflichtung unterworfen werden, die anders oder belastender ist als die Besteuerung und die damit zusammenhängenden Verpflichtungen, denen Staatsangehörige des betreffenden Staates unter gleichen Verhältnissen unterworfen sind oder unterworfen werden können.

4. Die Besteuerung einer Betriebstätte, die ein Unternehmen eines Vertragsstaats im anderen Vertragsstaat hat, darf im anderen Staat nicht ungünstiger sein als die Besteuerung von Unternehmen des anderen Staates, die die gleiche Tätigkeit ausüben. Diese Bestimmung ist nicht so auszulegen, als verpflichte sie einen Vertragsstaat, den im anderen Vertragsstaat ansässigen Personen Steuerfreibeträge, -vergünstigungen und -ermäßigungen auf Grund des Personenstandes oder der Familienlasten zu gewähren, die er seinen ansässigen Personen gewährt.

5. Sofern nicht Artikel 9 Absatz 1, Artikel 11 Absatz 6 oder Artikel 12 Absatz 4 anzuwenden ist, sind Zinsen, Lizenzgebühren und andere Entgelte, die ein Unternehmen eines Vertragsstaats an eine im anderen Vertragsstaat ansässige Person zahlt, bei der Ermittlung der steuerpflichtigen Gewinne dieses Unternehmens unter den gleichen Bedingungen wie Zahlungen an eine im erstgenannten Staat ansässige Person zum Abzug zuzulassen. Dementsprechend sind Schulden, die ein Unternehmen eines Vertragsstaats gegenüber einer im anderen Vertragsstaat ansässigen Person hat, bei der Ermittlung des steuerpflichtigen Vermögens dieses Unternehmens unter den gleichen Bedingungen wie Schulden gegenüber einer im erstgenannten Staat ansässigen Person zum Abzug zuzulassen.

6. Unternehmen eines Vertragsstaats, deren Kapital ganz oder teilweise unmittelbar oder mittelbar einer im anderen Vertragsstaat ansässigen Person oder mehreren solchen Personen gehört oder ihrer Kontrolle unterliegt, dürfen im erstgenannten Staat keiner Besteuerung oder damit zusammenhängenden Verpflichtung unterworfen werden, die anders oder belastender ist als die Besteuerung und die damit zusammenhängenden Verpflichtungen, denen andere ähnliche Unternehmen des erstgenannten Staates unterworfen sind oder unterworfen werden können.

7. Dieser Artikel gilt ungeachtet des Artikels 2 für Steuern jeder Art und Bezeichnung.

Art. 25 Verständigungsverfahren

1. Ist eine Person der Auffassung, daß Maßnahmen eines Vertragsstaats oder beider Vertragsstaaten für sie zu einer Besteuerung führen oder führen werden, die diesem Abkommen nicht entspricht, so kann sie unbeschadet der nach dem innerstaatlichen Recht dieser Staaten vorgesehenen Rechtsmittel ihren Fall der zuständigen Behörde des Vertragsstaats, in dem sie ansässig ist, oder, sofern ihr Fall von Arikel 24 Absatz 1 erfaßt wird, der zuständigen Behörde des Vertragsstaats unterbreiten, dessen Staatsangehöriger sie ist. Der Fall muß innerhalb von drei Jahren nach der ersten Mitteilung der Maßnahme unterbreitet werden, die zu einer dem Abkommen nicht entsprechenden Besteuerung führt.

2. Hält die zuständige Behörde die Einwendung für begründet und ist sie selbst nicht in der Lage, eine befriedigende Lösung herbeizuführen, so wird sie sich bemühen, den Fall durch Verständigung mit der zuständigen Behörde des anderen Vertragsstaats so zu regeln, daß eine dem Abkommen nicht entsprechende Besteuerung vermieden wird. Die Verständigungsregelung ist ungeachtet der Fristen des innerstaatlichen Rechts der Vertragsstaaten durchzuführen.

3. Die zuständigen Behörden der Vertragsstaaten werden sich bemühen, Schwierigkeiten oder Zweifel, die bei der Auslegung oder Anwendung des Abkommens entstehen, in gegenseitigem Einvernehmen zu beseitigen. Sie können auch gemeinsam darüber beraten, wie eine Doppelbesteuerung in Fällen vermieden werden kann, die im Abkommen nicht behandelt sind.

4. Die zuständigen Behörden der Vertragsstaaten können zur Herbeiführung

einer Einigung im Sinne der vorstehenden Absätze unmittelbar miteinander verkehren. Erscheint ein mündlicher Meinungsaustausch für die Herbeiführung der Einigung zweckmäßig, so kann ein solcher Meinungsaustausch in einer Kommission durchgeführt werden, die aus Vertretern der zuständigen Behörden der Vertragsstaaten besteht.

Art. 26 Informationsaustausch

1. Die zuständigen Behörden der Vertragsstaaten tauschen die Informationen aus, die zur Durchführung dieses Abkommens oder des innerstaatlichen Rechts der Vertragsstaaten betreffend die unter das Abkommen fallenden Steuern erforderlich sind, soweit die diesem Recht entsprechende Besteuerung nicht dem Abkommen widerspricht. Der Informationsaustausch ist durch Artikel 1 nicht eingeschränkt. Alle Informationen, die ein Vertragsstaat erhalten hat, sind ebenso geheimzuhalten wie die auf Grund des innerstaatlichen Rechts dieses Staates beschafften Informationen und dürfen nur den Personen oder Behörden (einschließlich der Gerichte und der Verwaltungsbehörden) zugänglich gemacht werden, die mit der Veranlagung oder Erhebung, der Vollstreckung oder Strafverfolgung oder mit der Entscheidung von Rechtsmitteln hinsichtlich der unter das Abkommen fallenden Steuern befaßt sind. Diese Personen oder Behörden dürfen die Informationen nur für diese Zwecke verwenden. Sie dürfen die Informationen in einem öffentlichen Gerichtsverfahren oder in einer Gerichtsentscheidung offenlegen.

2. Absatz 1 ist nicht so auszulegen, als verpflichte er einen Vertragsstaat,

a) Verwaltungsmaßnahmen durchzuführen, die von den Gesetzen und der Verwaltungspraxis dieses oder des anderen Vertragsstaats abweichen;

b) Informationen zu erteilen, die nach den Gesetzen oder im üblichen Verwaltungsverfahren dieses oder des anderen Vertragsstaats nicht beschafft werden können;

c) Informationen zu erteilen, die ein Handels-, Industrie-, Gewerbe- oder Berufsgeheimnis oder ein Geschäftsverfahren preisgeben würden oder deren Erteilung der öffentlichen Ordnung widerspräche.

Art. 27 Diplomaten und Konsularbeamte

Dieses Abkommen berührt nicht die steuerlichen Vorrechte, die den Diplomaten und Konsularbeamten nach den allgemeinen Regeln des Völkerrechts oder auf Grund besonderer Übereinkünfte zustehen.

Art. 28 Ausdehnung des räumlichen Geltungsbereichs

1. Dieses Abkommen kann entweder als Ganzes oder mit den erforderlichen Änderungen [auf jeden Teil des Hoheitsgebiets (des Staates A) oder (des Staates B), der ausdrücklich von der Anwendung des Abkommens ausgeschlossen ist, oder] auf jeden anderen Staat oder jedes andere Hoheitsgebiet ausgedehnt werden, dessen internationale Beziehungen von (Staat A) oder von (Staat B) wahrgenommen werden und in dem Steuern erhoben werden, die im wesentli-

chen den Steuern ähnlich sind, für die das Abkommen gilt. Eine solche Ausdehnung wird von dem Zeitpunkt an und mit den Änderungen und Bedingungen, einschließlich der Bedingungen für die Beendigung, wirksam, die zwischen den Vertragsstaaten durch auf diplomatischem Weg auszutauschende Noten oder auf andere, den Verfassungen dieser Staaten entsprechende Weise vereinbart werden.

2. Haben die beiden Vertragsstaaten nichts anderes vereinbart, so wird mit der Kündigung durch einen Vertragsstaat nach Artikel 30 die Anwendung des Abkommens in der in jenem Artikel vorgesehenen Weise auch [für jeden Teil des Hoheitsgebiets (des Staates A) oder (des Staates B) oder] für Staaten oder Hoheitsgebiete beendet, auf die das Abkommen nach diesem Artikel ausgedehnt worden ist.

ABSCHNITT VII. Schlußbestimmungen

Art. 29 Inkrafttreten

1. Dieses Abkommen bedarf der Ratifikation; die Ratifiationsurkunden werden so bald wie möglich in . . . ausgetauscht.

2. Das Abkommen tritt mit dem Austausch der Ratifikationsurkunden in Kraft, und seine Bestimmungen finden Anwendung

a) (in Staat A): . . .

b) (in Staat B): . . .

Art. 30 Kündigung

Dieses Abkommen bleibt in Kraft, solange es nicht von einem Vertragsstaat gekündigt wird. Jeder Vertragsstaat kann nach dem Jahr . . . das Abkommen auf diplomatischem Weg unter Einhaltung einer Frist von mindestens sechs Monaten zum Ende eines Kalenderjahres kündigen. In diesem Fall findet das Abkommen nicht mehr Anwendung

a) (in Staat A): . . .

b) (in Staat B): . . .

Schlußklausel

Anmerkung: Die Schlußklausel über die Unterzeichnung richtet sich nach den verfassungsrechtlichen Verfahren der beiden Vertragsstaaten.

Abkürzungsverzeichnis

a.a.O.	am angegebenen Ort
Abs.	Absatz
Abschn.	Abschnitt
Abt.	Abteilung
ALR	Allgemeines Landrecht für die preußischen Staaten
Anm.	Anmerkung
AO	Abgabenordnung
AöR	Archiv des öffentlichen Rechts
Arch. d. Völkerrechts	Archiv des Völkerrechts
Art.	Artikel
Aufl.	Auflage
AWD	Außenwirtschaftsdienst des Betriebs-Beraters
BB	Der Betriebsberater
Bd.	Band
BdF	Bundesminister der Finanzen
bearb.	bearbeitet
BFH	Bundesfinanzhof
BGBl.	Bundesgesetzblatt
BGH	Bundesgerichtshof
BGHZ	Amtliche Sammlung von Entscheidungen des Bundesgerichtshofs in Zivilsachen
BStBl.	Bundessteuerblatt
BT-Drucksache	Bundestags-Drucksache
BVerfG	Bundesverfassungsgericht
BVerfGE	Amtliche Sammlung von Entscheidungen des Bundesverfassungsgerichts
bzw.	beziehungsweise
chap. (ch.)	chapter
Cong.	Congress
DB	Der Betrieb
DBA	Doppelbesteuerungsabkommen
ders.	derselbe
dgl.	dergleichen
d. h.	das heißt
DJT	Deutscher Juristentag
DÖV	Die öffentliche Verwaltung
Dok. (Doc.)	Dokument
DStR	Deutsches Steuerrecht

DStZ/A	Deutsche Steuerzeitung Ausgabe A
dt. (Dt.)	deutsch(e, er, en)
Dt.Jur.Ztg.	Deutsche Juristen-Zeitung
E.	Entscheidung
ed.	edition
EG	Europäische Gemeinschaft
EStG	Einkommensteuergesetz
EWG	Europäische Wirtschaftsgemeinschaft
f.	für
f. (ff.)	folgende (mehrere folgende)
FinArch	Finanzarchiv
Fn.	Fußnote
FR	Finanz-Rundschau
GATT	Allgemeines Zoll- und Handelsabkommen (General Agreement on Tariffs and Trade)
gem.	gemäß
GG	Grundgesetz der Bundesrepublik Deutschland
GVBl.	Gesetz- und Verordnungsblatt
H.	Heft
HdFW	Handbuch der Finanzwissenschaft
Hg.	Herausgeber (herausgegeben)
HR-DBA	Weber-Fas (Hg): Höchstrichterliche Rechtsprechung zu internationalen Doppelbesteuerungsabkommen, Bd. I und II (1978)
HwStR	Handwörterbuch des Steuerrechts und der Steuerlehre
ibid.	ibidem
ICJ	International Court of Justice
IFA	International Fiscal Association
IGH	Internationaler Gerichtshof
IPR	Internationales Privatrecht
i.S.d.	im Sinne des
i.S.v.	im Sinne von
IStR	Internationales Steuerrecht
IWB	Internationale Wirtschaftsbriefe
J.Bl.	Justizblatt
Jg.	Jahrgang
JIR	Jahrbuch für Internationales Recht
JZ	Juristenzeitung
Kap.	Kapitel
lit.	litera
LL.M.	Masters of Laws
m.a.W.	mit anderen Worten
N.F.	Neue Folge

NJW	Neue Juristische Wochenschrift
Nr. (No.)	Nummer
OECD	Organization for Economic Cooperation and Development (Organisation für Wirtschaftliche Zusammenarbeit und Entwicklung)
OEEC	Organization for European Economic Cooperation (Organisation für Europäische Wirtschaftliche Zusammenarbeit)
op.cit.	Opus citatum (= am angegebenen Ort)
P.C.I.J.	Permanent Court of International Justice (Ständiger Internationaler Gerichtshof)
preuß.	preußisch(e, en)
RAO	Reichsabgabenordnung
rd.	rund
RdF	Reichsminister der Finanzen
RG	Reichsgericht
RGBl.	Reichsgesetzblatt
RGSt	Amtliche Sammlung von Entscheidungen des Reichsgerichts in Strafsachen
RIW	Recht der Internationalen Wirtschaft
s.	siehe
S.	Seite
sc.	scilicet (versteht sich)
Sess.	Session
sog.	sogenannte(n)
Sp.	Spalte
StbJb	Steuerberater-Jahrbuch
Sten.Ber.Preuß. Abg.Haus	Stenographische Berichte des Preußischen Abgeordnetenhauses
StJGH	Ständiger Internationaler Gerichtshof
St Kong Rep (StKRep)	Steuer-Kongreß-Report
StuW	Steuer und Wirtschaft
u.	und
u.a.	unter anderem
UdSSR	Union der Sozialistischen Sowjet-Republiken (Sowjetunion)
Übers.	Übersetzung
UNCTAD	Konferenz für Handel und Entwicklung der Vereinten Nationen (United Nations Conference on Trade and Development)
UN (UNO)	Vereinte Nationen (United Nations Organization)
Univ.	Universität
USA	United States of America (Vereinigte Staaten von Amerika)
usw.	und so weiter
v.	von, vom
VB-Publikation	Völkerbund-Publikation
VerfRsprStR	(Weber-Fas [Hg.]): Verfassungsrechtsprechung zum Steuerrecht, Bd. I und II (1971), Bd. III (1976), Bl. IV (1982)
vgl.	vergleiche

v.H.	vom Hundert
VJSchrStFR	Vierteljahresschrift für Steuer- und Finanzrecht
Vol.	Volume
vs.	versus (gegen)
VVDStRL	Veröffentlichungen der Vereinigung der Deutschen Staatsrechtslehrer
WRV	Weimarer Reichsverfassung
WVK	Wiener Konvention über das Recht der Verträge vom 22. 5. 1969
ZaöRV	Zeitschrift für ausländisches Recht und Völkerrecht
z.B.	Zum Beispiel
Zeitschr. f. Völkerrecht	Zeitschrift für Völkerrecht

Namenregister

Sachregister

(unter Ausschluß der Anlagen I und II)

Veröffentlichungen von Prof. Dr. Rudolf Weber-Fas

Corporate Residence Rules for International Tax Jurisdiction
A Study of American and German Law
(1968. Reprinted from Harvard Journal on Legislation)

Verfassungsrechtsprechung zum Steuerrecht
Die Entscheidungen des Bundesverfassungsgerichts.
4 Bände (1971/1982. Boorberg)

Goethe als Jurist und Staatsmann
Ein Vortrag
(1974. Metzner)

Freiheitliche Verfassung und sozialer Rechtsstaat
Aufsätze und Rezensionen zum öffentlichen Recht
(1976. Neske)

Rechtsstaat und Grundgesetz
Mannheimer Antrittsvorlesung
(1977. Neske)

Der Staat
Dokumente des Staatsdenkens von der Antike bis zur Gegenwart. 2 Bände
(1977. Neske)

Jurisprudenz
Die Rechtsdisziplinen in Einzeldarstellungen.
Hg. in Verb. mit W. Fikentscher und Th. Lenckner (1978. Kröner)

Höchstrichterliche Rechtsprechung zu internationalen Doppelbesteuerungsabkommen
Die Entscheidungen des Bundesfinanzhofs und des Bundesverfassungsgerichts. 2 Bände
(1978. J.C.B. Mohr [Paul Siebeck])

Institutionen der Finanzgerichtsbarkeit im deutschen und amerikanischen Recht
Studien zum Steuerrechtsschutz
(1979. Verlagsgesellschaft Recht und Wirtschaft)

Grundzüge des allgemeinen Steuerrechts der Bundesrepublik Deutschland
(1979. Mohr/Siebeck)

Direito Tributário
Brasilianische Ausgabe der Grundzüge des allgemeinen Steuerrechts der Bundesrepublik Deutschland
(1982. Instituto Brasileiro, São Paulo)

Staatsverträge im Internationalen Steuerrecht
Zur Rechtsnatur, Geschichte und Funktion der deutschen Doppelbesteuerungsabkommen
(1982. J. C. B. Mohr [Paul Siebeck])